Béatrice Malleron - Emery

L'ABUS RITUEL A L'AUNE DE LA PAPAUTE

Béatrice Malleron - Emery

L'ABUS RITUEL A L'AUNE DE LA PAPAUTE

Une plaie d'Enfer

Éditions Croix du Salut

Imprint
Any brand names and product names mentioned in this book are subject to trademark, brand or patent protection and are trademarks or registered trademarks of their respective holders. The use of brand names, product names, common names, trade names, product descriptions etc. even without a particular marking in this work is in no way to be construed to mean that such names may be regarded as unrestricted in respect of trademark and brand protection legislation and could thus be used by anyone.

Cover image: www.ingimage.com

Publisher:
Éditions Croix du Salut
is a trademark of
Dodo Books Indian Ocean Ltd. and OmniScriptum S.R.L publishing group

120 High Road, East Finchley, London, N2 9ED, United Kingdom
Str. Armeneasca 28/1, office 1, Chisinau MD-2012, Republic of Moldova, Europe
Printed at: see last page
ISBN: 978-620-6-17083-9

En guise de préface,

De Dom Amorth, prêtre exorciste italien de renommée mondiale :

Rome, le 30 octobre 2012,

Béatrice, mon nom usuel,

Je vous remercie et vous félicite pour tous les biens que vous faites. Je vois tout le bien que vous faites. Continuez d'accueillir avec assiduité les personnes que le Seigneur vous envoie.

Il est très bon que vous ayez un prêtre pour directeur spirituel qui puisse vous conseiller. Veuillez bien prier pour moi aussi, je vous en serais reconnaissant, car j'en ai vraiment besoin. Et moi je prierai pour vous.

Il n'est pas nécessaire que nous nous rencontrions.

Il suffit que nous soyons unis au Seigneur et à la Vierge Marie.

Je vous bénis en Jésus et Marie,

P.Gabriele Amorth

Depuis 2011, j'ai publié plusieurs ouvrages et articles sous le nom de Malleron (mon nom de jeune fille). Aussi, je rajoute le nom de mon trisaïeul maternel noble, Emery, qui n'était pas son nom véritable puisqu'il avait supprimé sa particule pour échapper à la guillotine et avait quitté Paris pour se réfugier dans l'Indre, il devint Maire de son village, Mouhers, où il habitait. Il était Comte et descendant de Rois de France de Droit Divin et d'ascendance davidique. Il s'est marié et a eu quatre filles, sa dernière fille Georgette qui lui ressemblait, fut mon arrière-grand-mère. La petite fille de deux ans que j'étais alors, se souvient l'avoir croisée dans le grand couloir de la ferme dans la Brenne et lui avoir tendu ses bras d'enfant. Cette belle image m'est toujours restée. Ainsi, mon nouveau nom d'autrice sera-t-il « *Béatrice Malleron – Emery.* » D'autres renseignements ont été donnés dans mon septième livre « Etes-vous exorciste, Madame ? »

INTRODUCTION

Avant l'appel de Jésus-Christ à servir d'une autre façon, j'avais déjà appris à servir de bien d'autres manières. Servir à l'école de la Vierge Marie.

Pendant vingt ans, j'ai récité et essayé de vivre avec joie la prière scoute :

Seigneur Jésus, apprenez-nous,

À être généreux, **À vous servir comme vous le méritez**, À donner sans compter, À combattre sans souci des blessures, À travailler sans chercher le repos, À nous dépenser sans attendre d'autre récompense,

Que celle de savoir que nous faisons votre sainte Volonté.

En 1973, j'arrêtais d'être cheftaine de Jeannettes pour intégrer l'Hospitalité Notre Dame de Lourdes où je remerciais la Vierge Marie d'avoir exaucé un vœu en me mettant au service des personnes Malades et Handicapées, au sein des différents diocèses, le Berry, la Charente, l'Oise, de nouveau le Berry, la Haute-Loire, au gré des mutations de mon mari.

Et en même temps à Lourdes dans le service d'accueil des Piscines où je me suis consacrée à Jésus par les mains de la Vierge Marie, Notre Bonne Mère pour servir les personnes Malades et Handicapées le 4 septembre 1991 et avec mon mari, lui-même Hospitalier.

Grâce à Dieu, j'ai pu assurer beaucoup de bénévolat dans l'Eglise Catholique, après une formation d'animateur laïc à Lourdes en 1977, une formation interne dans le service des Piscines et dans l'Hospitalité du

Berry et de Charente, bénévole au Jubilé du Puy en Velay en 2005 où j'accueillais les Pèlerins où j'ai appris à présenter le Jubilé à des petites équipes, comme à de grands groupes. Le Seigneur m'a donné un talent que j'ignorais.

Aussi, j'accompagnais, soit des petites équipes, soit des grandes, jusqu'à cent personnes à la fois. Je composais une prière que je méditais avec chaque groupe. Et je fis des rencontres extraordinaires. Comme je ne chante pas très juste, un Coéquipier Hospitalier Pierre accepta de faire chanter les fidèles. Il les accompagnait jusqu'au Baptistère (deuxième étape du Jubilé).

Un prêtre Chapelain se rapprocha de lui et lui confia :

- *« Pierre, cette Religieuse a fait une catéchèse remarquable sur l'explication du Jubilé et l'indulgence plénière ».*

- *« Monsieur l'Abbé, cette femme n'est pas une religieuse. Elle est mère de famille ! »*

Surprise totale du Chapelain. C'est l'audace que donne la force de la prière qui trompa un prêtre sur mon identité

Et depuis 2010, des formations dans différents services d'exorcisme où certains prêtres exorcistes m'avaient demandé de les aider à finir des cas difficiles.

Après des études de Capacité en Droit, un travail de Perforatrice pour la paye des employés, avec de très gros ordinateurs, puis, comme Programmeur et un travail de Secrétaire du Personnel dans une entreprise de vêtements de marque à Orléans que j'ai abandonné pour suivre mon mari dans ses différentes mutations professionnelles et connaitre les joies de la maternité.

Service de la Catéchèse, du Guidisme de France féminin, pendant vingt ans chacun dans différents diocèses, au gré des mutations de mon mari. Et aussi quarante ans de service comme Hospitalière Notre Dame de Lourdes où j'ai beaucoup appris et où la Vierge Marie m'attendait dans ce service.

C'est là que j'ai reçu **le charisme de guérison le 4 septembre 1991** lors de mon engagement en Eglise, mais je ne l'ai su qu'en 2004 par un Prieur de Communauté qui connaissait les charismes. A l'époque, je croyais que les charismes étaient réservés à l'élite de l'Eglise !

Un prêtre berrichon me confia **«** *tu as le service chevillé au corps* **»** et **un autre, prêtre exorciste** « *vous avez une grande Foi* ».

Le 16 novembre 2010, un Prêtre exorciste fiable m'écrivit «*j'ai pu constater que Béatrice avait une bonne expérience, une réelle autorité, et un vrai charisme pour discerner et agir en matière de guérison et de libération. Je me sens en profond accord avec sa compassion cordiale et spirituelle vis-à-vis de nombreuses personnes en détresse pour lesquelles elle se dépense sans compter et en obéissance à l'Église»*. Merci, Monsieur l'Abbé. Le mot « *Père* » étant réservé au Père Eternel. Il écrivit aussi en avril 2012 à un évêque que j'avais reçu un charisme de prière de libération. C'est rare, mais cela existe. Comme dans les premiers temps de l'Eglise ! Et j'ai eu la grande grâce d'être accompagnée par ce prêtre exorciste qui m'a guidée et conseillée tout au début de cet apostolat de libération pendant presque trois ans.

De Dom Gabriele Amorth, célèbre prêtre exorciste italien en octobre 2012 :

«Béatrice, je vous félicite et vous remercie pour tous les biens que vous faîtes. Et je vois tout le bien que vous faites. Continuez d'accueillir avec assiduité les personnes que le Seigneur vous envoie. Il est très bon

que vous ayez un Prêtre pour directeur spirituel qui puisse vous conseiller. Veuillez bien prier pour moi aussi, je vous en serais reconnaissant, car j'en ai vraiment besoin. Et moi je prierai pour vous. Il n'est pas nécessaire que nous nous rencontrions»…

«Ta vocation, c'est d'aider les souffrants», m'écrivit **une Hospitalière Présidente.**

Remerciements et Félicitations du Cardinal Lustiger en lien avec la catéchèse en 2005 à l'évêché du Puy en Velay devant une centaine de convives.

Prières de libération avec un prêtre, Supérieur Provincial de France émérite qui avait été nommé exorciste adjoint par un Évêque et qui fut mon assistant pour quatre prières de trois heures chacune en 2018.

Prière de libération avec un Recteur de Séminaire qui m'assista et qui confia à la personne «*Béatrice est simple, humble et sérieuse*».

Cet ouvrage «*Si tu crois, tu verras la Gloire de Dieu*» de 329 pages de mai 2017 est référencé «*dans la partie F. Ouvrages pastoraux sur l'exorcisme et la délivrance*». «*Revues et livres en français*», du livre «*Tactiques du diable et délivrances*» fruit de la thèse de Doctorat en Théologie, publié en février 2018 du **P. Jean-Baptiste Golfier, Chanoine régulier de l'abbaye de Lagrasse. Le P.Jean-Baptiste** m'avait demandé un document pour sa thèse et en remerciement, il me cita dans son livre.

Un Prêtre, P. Alfred Bour, msc d'Issoudun me confia en octobre 2017 : votre charisme est : «*un charisme d'enfantement des âmes à la Vie éternelle.*»

Du P.Meinrad Hebga, prêtre exorciste africain de renommée mondiale : «*Qui peut exorciser ?*[1]»

«[…] Dieu accorde le charisme d'exorciste, à telle ou telle personne déterminée, sans discrimination de sexe, d'âge, de confession chrétienne, de rang ecclésial (laïcs, prêtres, évêques), car Dieu ne fait point acception des personnes.»

---

[1] Du P.Meinrad Hebga. Sorcellerie et Prière de délivrance. Réflexion sur une expérience. Réf.25 dans son livre (1 Co 12, 5-11).Seconde édition. ©Présence africaine. 1982. Pages 178 et 179. Droit de citation de quatre lignes.

Avant-Propos :

Saint Paul dans la lettre aux Ephésiens[2] nous dit : *« je vous exhorte donc, moi le prisonnier dans le Seigneur à mener une vie digne de l'appel que vous avez reçu ».*

En effet, persuadée que mon Maître, mon Seigneur m'apprendrait, je n'avais plus aucune peur à répondre à un tel Appel ! *Seigneur, pourquoi me choisis-tu ?* Tu sais bien que je ne suis qu'une pauvre femme !

En 2004, mes rendez-vous nocturnes avec le Seigneur ont diminué d'intensité, mais je me dirige toujours vers la voie d'un engagement. Je demandais la permission à mon mari pour devenir laïque engagée.

Ainsi, je déclarais à mon époux :

- *« Le diable est trop à l'œuvre dans le monde, je veux lui barrer la route. »*

Il me répondit :

« Béatrice, je suis d'accord. »

Qu'est-ce qui m'a traversé l'esprit pour affirmer cette chose ? C'était prémonitoire. Mon mari a dû être très surpris quand je lui ai confié cela.

Le démon est très habile. Il veut nous détourner de Dieu, nous faire croire qu'on peut s'en sortir tout seul.

Je préparais les fiançailles de ma fille aînée. Nous sommes reçus à Paris chez les parents de notre futur gendre. Nous partons visiter Montmartre que j'avais très envie de connaître. Une messe est célébrée,

---

[2] Ephésiens 4, 1.

mais la porte est ouverte et nous rentrons. D'habitude, elle est fermée, grâce du Seigneur Jésus. Puis, nous rentrons tous à la maison des parents de notre futur gendre et nous sommes installés dans une chambre d'appoint.

A quatre heures du matin, j'entendis une **Voix** me dire :

– *« M'aimes-tu »* ?

Cette voix a retenti au plus profond de mon cœur, je me suis redressée vivement dans le lit. Et j'ai répondu :

- *« Oui, Seigneur, je t'aime ».*

J'étais sûre que c'était le Seigneur. J'étais troublée de recevoir un tel Appel. Mais, j'étais infiniment persuadée que j'aimais le Seigneur de tout mon cœur, de toute mon âme, de tout mon esprit, de toute mon intelligence et de toute ma volonté. L'amour total n'est jamais loin de la Croix. Elle a commencé le mardi suivant. Je suis accusée de trahison par des membres locaux du Scoutisme français. Dans ma poche, un chapelet que je serre avec force, me permet de tenir. Douleur, anéantissement, je ne comprends pas. Et je n'ai qu'une envie, claquer la porte et partir. Mais je me raisonne, aussi j'implore la Vierge Marie de m'aider. La faute doit être importante pour recevoir une telle accusation. Je passe la nuit à pleurer, à prier, à demander pardon au Seigneur.

Le Ciel ne me répond pas. Mon futur gendre, responsable scout en région parisienne, me rassure, *« je n'ai commis aucune faute »*. Mais, je n'entrevois qu'une solution, la démission. C'est la seule action qui me vient à l'esprit, je n'en vois pas d'autre. Alors, je continue de prier. Donc, j'envoie par courriel mon renoncement à cette charge de Commissaire des Guides de France à la Responsable du National Guides de France, la mort dans l'âme, puisque je ne peux pas aller au bout de ma mission.

Et je préviens par respect l'aumônier prêtre qui m'affirme :

- « *Béatrice, tu as eu tort. Tu n'aurais pas dû démissionner. Je fais prier pour toi.* »

Je répondis :

- « *Monsieur l'Abbé, vous avez peut-être raison, mais c'est trop tard. J'assume mon erreur.* »

Il insiste :

-« *Béatrice, continue à prier.* »

Je le remercie de son soutien qui met un baume sur cette souffrance. C'est la force de la prière qui me fera tenir tous ces jours d'épreuve, bien que je n'ai aucune nouvelle de la Responsable nationale. Mais, je passe les jours de mardi à vendredi dans la prière.

Je l'appelle parce qu'**une force surnaturelle** m'a fait décrocher le téléphone. Et je reprends ma démission qu'elle n'avait pas entérinée. Elle venait seulement d'ouvrir sa boîte mail et elle regrettait déjà ma décision, parce que *j'avais fait du bon travail*, m'a-t-elle confié. Donc, j'ai continué d'assurer la bonne marche des camps, avant de démissionner sans aucune pression après la fusion des deux mouvements des Scouts et Guides de France.

Mon aumônier me confia plus tard :

- « *Béatrice, c'est la suite logique de ta préparation à l'oblature. Le grappin n'est pas content. Le démon fait tout pour te briser et arrêter ta progression vers cette promesse.* »

Nous devons témoigner à nos frères et soeurs que Jésus-Christ est mort sur la Croix : « *par Ton sang, tu as racheté pour Dieu des hommes de toute race, langue, peuple et nation, Ap. 5, 9* » et *Il est ressuscité le troisième jour et Il continue en ce 3ème millénaire à guérir et à libérer et à faire des Miracles.* Ce n'est pas de l'histoire ancienne. N'ayons pas peur de les proclamer ou de se convertir.

A toi, Il dit aussi :

« *Si tu crois, tu verras la Gloire de Dieu.*[3]»

4 juillet 2000 à Lourdes : première effusion de l'Esprit Saint, le Responsable prêtre du Pélé-Jeunes de Beauvais me confia « *vous avez reçu un appel de l'Esprit Saint* ». Je pensais que les charismes étaient réservés à l'élite de l'Eglise dont je ne faisais pas partie.

14 septembre 2008 : confirmation du charisme de guérison par une Prieure, suite à une prière de guérison faite à Lourdes, parce que les Piscines de Lourdes étaient fermées en raison du voyage du Pape Benoît XVI et j'ai réalisé une lotion, comme aux Piscines.

14 septembre 2009 à Lourdes : accueil d'une «*possédée italienne*» dans le cadre de mon service de Piscinière, titulaire de l'Hospitalité Notre-Dame de Lourdes en 1991, mon premier engagement à servir date de 1978. Et annonce du charisme de libération...

14 septembre 2010, j'ai vu la première dans le ciel, proche de la ville de Varennes sur Allier, une *croix lumineuse* ressemblant à celle de Pontmain devant un témoin, une dame qui m'accompagnait, nous revenions d'un monastère…

Du Docteur Maurice Caillet : «*[…] Rien ne serait sans doute possible sans leur dévouement, leur disponibilité et leurs prières : je veux parler des **Hospitaliers de Lourdes**. A travers son expérience renouvelée et la persévérance de toute une vie, appuyées sur une*

---

[3] Jean 11, 40.

profonde connaissance de la doctrine catholique et sur la prière continue, Béatrice nous relate la vie cachée de ces artisans de la compassion, dont elle peut être considérée comme un modèle.»

Jésus leur dit : «*Ce jour-là, vous ne me poserez aucune question. En vérité, en vérité, je vous le dis, ce que vous demanderez au Père, il vous le donnera en mon nom. Jusqu'à présent, vous n'avez rien demandé en mon nom ; demandez, et vous recevrez, pour que votre joie soit complète (Jn, 16, 23-24).*»

Cette Parole de Dieu «**demandez et vous recevrez, cherchez et vous trouverez, frappez et l'on vous ouvrira»** Mt 7, 7, je la recevrais trois fois dont la dernière fois remise par le père Jacques Ravanel.[4]

La troisième fois, en août 2005, je suis en retraite au foyer de Charité à la Flatière. Nous sommes à la Chapelle. Nous nous présentons devant lui l'un derrière l'autre. Il remet à chacun une Parole de l'Ecriture. Auparavant, il a bien précisé que si cette phrase nous interpellait de quelque façon que ce soit, nous devions trouver un prêtre pour lui en parler. Je me présente devant lui. Il avait à la main une Parole de Vie tirée du bas de l'assiette. Il allait me la donner quand il m'a *regardée.* Il a reposé le mot de l'Ecriture pour faire tout le tour de l'assiette, côté gauche et prendre celle du haut. Quand j'ai reçu cette Parole, j'ai été bouleversée et impressionnée. Et je me suis posée beaucoup de questions.

☺ Pourquoi avoir échangé cette Parole après m'avoir regardée ?

☺ Pourquoi avoir prise celle du haut et pas une autre ?

☺ Est-ce quelqu'Un lui avait soufflé ?

---

[4] Cf. mon deuxième livre, «Si tu crois, tu verras la Gloire de Dieu», Editions Croix du Salut.

Cela m'a beaucoup interpellée. Je n'ai pu le rencontrer car tous ses rendez-vous étaient pris. Mais je lui ai écrit et il m'a répondu ceci :

-« *Chère Madame, avec vous, je rends grâce à Dieu de toutes vos découvertes spirituelles[5] et me réjouis de ce que la Parole de l'Ecriture transmise à la chapelle vous ait confirmée dans l'orientation de votre vie avec Jésus. Je vous remercie d'accepter votre mission de prière et de catéchèse...* ».

Notre Seigneur m'avait équipée pour pouvoir découvrir le machiavélisme de certain Monseigneur.

---

[5] Je ne parle ici que de celles qui sont en lien avec l'apostolat de Lourdes.

Chapitre 1

Découverte du Rite de Mgr Bugnini et ses conséquences

Ce rite de Mgr Bugnini[6]**, était un rite à vie et il leur servait à ouvrir les corps des victimes**, afin que les victimes, des bébés d'un jour, des enfants, des adolescents, des handicapés, des femmes, des Clercs, des hommes soient abusés dans l'invisible, depuis au moins 1968 et dans l'indifférence de l'Église Catholique. Les «*bouchers*» avaient trouvé le moyen ingénieux de violer, d'abuser sans que personne ne le sache et sans possibilité de porter plainte pour le préjudice subi.

Dans le cas de Vatican II, si on ne coupe pas la consécration à Lucifer faite par Mgr Bugnini, le maléfice du rite maçonnique reste et je viens de découvrir dans Chiesa Viva[7] «*que c'est maintenu par la marque de la Bête*» et Le Paraclet, dans Sa grande bonté, vient de me l'inspirer par le discernement direct des esprits.

D'après le livre du formateur MacNutt, en 2013, je brisais systématiquement les consécrations diaboliques en début de prière de libération, toutes les accueillies pourraient en témoigner. Dans l'exercice des charismes, je suis très souvent appelée à prier pour des personnes qui avaient des ancêtres francs-maçons et cela crée de graves

---

[6] Lire «Le secret diabolique de la messe de Paul VI, journal Chiesa Viva n°528»

[7] Chiesa Viva n° 528 page 21, autorisé par Dr Franco Adessa chiesaviva@chiesaviva.com Autorisation gracieuse donnée par Dr Franco Adessa depuis le 15 03 2022 de publier la Revue « Chiesa viva » et la liberté d'utiliser n'importe lequel de leurs documents pour le diffuser comme bon me semble.

dommages pour les descendants, y compris des malédictions et des maladies.

Il semble même en certains cas que les sacrements aient été rendus invalides. J'ai déjà prié pour des Prêtres pour qui planait un doute sur la validité de leur Baptême ce qui affectait donc le Sacrement de l'Ordre ! C'est pourquoi j'ai renoncé à ce rite et à cette consécration luciférienne, puis j'ai abjuré, me rendant compte que la situation était extrêmement grave. Notre Seigneur va me former pour la briser pour les autres au Nom de Jésus.

En juin 2021, grâce à un Nonce étranger qui a révélé dans un journal catholique «*le rite de Mgr Bugnini*» que je ne connaissais pas, aussi ai-je cherché dans différents documents pour comprendre le machiavélisme de certains Hommes d'Eglise[8]. A la suite de la lecture du «*SECRET DIABOLIQUE DE LA MESSE DE PAUL VI de Chiesa Viva n°528 de Vatican II*», les corps des Fidèles Clercs et Laïcs sont violés, abusés depuis le rite de Mgr Bugnini. «*Ni vu, ni connu, ni puni.*» Le crime parfait ! Même les bons Prêtres ou Autorités fidèles à Jésus-Christ et à la Vierge Marie sont attaqués.

«Tout ce qui est caché sera découvert», Lc 12, 2. Notre Seigneur m'ordonne de dévoiler la découverte que l'Église Catholique mondiale est «***consacrée au mystère Damballah***», depuis que le Pape Paul VI l'a mis à sa tête. C'était **le moyen ad hoc** pour nous abuser sans problème.

---

[8] Le premier Numéro de "Chiesa viva" fondé par Don Luigi Villa, en septembre 1971, lu et signé pour approbation, par le cardinal Joseph Mindszenty. L'Abbé Villa avait reçu mission de Padre Pio de dédier toute sa vie à défendre l'Église du Christ contre l'œuvre de la Franc-maçonnerie, surtout ecclésiastique. www.chiesaviva.com

Grâce à Notre Esprit d'Amour, après le rite de Mgr Bugnini qui nous liait, voici maintenant une autre chaîne, une consécration à l'esprit de sorcellerie vaudouesque !

Mais Notre Seigneur libère les captifs, «Il m'a envoyé annoncer aux captifs la délivrance», Lc 4,18.

Voilà pourquoi Notre Seigneur m'a donné des charismes aussi particuliers pour que, grâce au discernement direct des esprits, je puisse découvrir le machiavélisme du Pape Paul VI et au Nom de Jésus, prier pour réduire à néant tout ce qu'il a pu faire comme mal.

Et pendant que je discernais cela, je ressentais en moi l'âme damnée du Pape Paul VI, gardienne de ces maléfices, que j'ai vite renvoyée en Enfer, au Nom de Jésus.

Je remercie Notre Seigneur de tout ce qu'Il nous donne pour que toutes les victimes de l'abus rituel satanique mystique et physique soient libérées et guéries.

« *La Crosse des Papes, la Croix tordue* » : « Ce crucifix Recurve "... un symbole sinistre, utilisée par les satanistes, au sixième siècle, qui a été reprise au moment de **Vatican** II. Ce fut une croix tordue ou cassée, sur laquelle figurait un personnage répugnant et déformée du Christ. Les sorciers noirs et les sorcières du Moyen Age avaient fait usage pour représenter la "**Marque de la Bête**". » Du P. Dr Luigi Villa – « à partir de: « étoile à cinq branches » : la signature du pontificat de Paul VI[9] » - … «Ils nous demandent d'anéantir l'Église du Christ pour la remplacer par "*l'Église Universelle de l'Homme*", d'inspiration satanique. Et on veut atteindre ce but par une perversion de la doctrine du Christ opérée par le

---

[9] Lire le numéro de Chiesa Viva n° 463 de septembre 2013.

magistère des Antipapes qui portent le *"signe de la Bête"*, celui de Paul VI et celui de son dernier disciple, Bergoglio[10]».

Ma fille aînée est partie aux Journées mondiales de la Jeunesse en l'an 2000 à Rome, elle nous a quittés «*Chrétienne Catholique*» elle est revenue incroyante, elle avait perdu sa Foi.

Était-ce le résultat d'être arrosée par la crosse du Pape Jean-Paul II et le chiffre qui lui correspond qui l'a transformée ?

Ou ce qu'il avait sur lui que je cite dans le chapitre sur Paul VI ?

Voici une partie de la prière composée pour la première lettre ouverte à Mr Bergoglio, usurpateur de la Chaire de Pierre :

« Au Nom du Vrai Jésus, au Nom de la Vraie Vierge Marie, au Nom du Vrai Bienheureux Joseph Patriarche, au nom du Faux-Pape François Bergoglio, au nom de l'Anti-Pape Paul VI et de tous les autres Anti-Papes, je demande pardon à tous ceux et à toutes celles qui ont été trompés, abusés dans l'Eglise Catholique.

Au Nom du Vrai Jésus, au Nom de la Vraie Vierge Marie, au Nom du Vrai Bienheureux Joseph Patriarche, je vous demande de partir, Mr Bergoglio, de quitter les lieux du Vatican et de Rome et d'aller vous réfugier dans un monastère pour prier et expier tout le mal que vous avez fait. »

Combien de viols mystiques ? Combien d'abus rituels sataniques faits par ces Papes depuis le Pape Paul VI.

---

[10] Titre de Chiesa Viva : « Faire le serment de fidélité au magistère de Bergoglio » : Operaie di Maria Immacolata – Editrice Civiltà Via Galileo Galilei, (Italia) www.chiesaviva.com E-mail: info@omieditricecivilta.it Des extraits : LA CORRUPTION.

Combien ? Pour Paul VI = 16 425 enfants ! Pauvres malheureux enfants ! Ils n'ont pas dû être libérés, les conséquences des viols passeront à leurs descendants.

Puisque, j'ai reçu dans la prière de libération, que ces Papes depuis Paul VI ont tous commis des VIOLS, des ABUS RITUELS SATANIQUES dans l'INVISIBLE. Combien de viols mystiques, d'abus rituels commis par des Clercs et des Laïcs pervers ? En effet, j'ai découvert que des Prêtres et des Evêques, des Papes font du mal à d'innocentes victimes pour assouvir leurs bas instincts de mâles, n'ayant pas de vie sexuelle autorisée. Et ils passent à l'acte et deviennent des violeurs impunis. Avant que l'Église Catholique ne s'intéresse aux victimes ! Dans combien de temps ? D'après ce que j'ai découvert, l'Eglise ne peut pas s'intéresser aux victimes, puisque **c'est l'Eglise Catholique qui nous fait du mal** et ce, depuis bien longtemps.

On ouvre les archives pour l'Abbé Pierre. Il consultait dans une clinique psychiatrique, mais on ne l'emmenait pas voir un prêtre exorciste, sinon il aurait été délivré. Alors, **les archives de la Papauté**, quand seront-elles ouvertes ? Ou faut-il passer par les âmes damnées pour avoir les renseignements manquants ? **Merci cher Abbé Don Luigi Villa** d'avoir écrit tous vos journaux pour relater les dégâts, les catastrophes de la Papauté, vous deviez être un fin limier.

Quelle honte ! Parfois, on dit que l'Eglise Catholique est notre Mère, et **Notre Mère fait du mal à tous ses Enfants.** Si c'était une secte, on pourrait dire que c'est normal. Mais l'Eglise Catholique est celle qui a été fondée par Notre Seigneur Jésus Christ.

Dans ma prière personnelle, à la lumière de mon expérience dans un service de prière de libération depuis plus *de douze années en 2021* et mue par l'Esprit Saint, j'ai entrevu la conséquence de ce rite sur les âmes que j'accompagne dans la prière.

Ce que j'ai découvert aussi dans l'exercice des charismes, dès qu'il y a **RITE,** il y a **CONSECRATION**[11], cela va de pair. Dans ce sens, Mgr Bugnini a transformé la liturgie catholique en UN RITE MAÇONNIQUE. Il a ainsi **CONSACRÉ L'ÉGLISE CATHOLIQUE À LUCIFER, EN FAISANT SON RITE.** Personne ne l'a jamais brisé, ni le rite, ni la consécration luciférienne !

Par cette consécration luciférienne, **TOUS LES SACREMENTS DE L'ORDRE** DEPUIS CETTE DATE, deviennent **INVALIDES.** De même que tous **les Sacrements reçus par les fidèles** depuis le 18 juin 1968.

Inspirée de prier, au **NOM DE JÉSUS, J'AI BRISÉ CE RITE, LA CONSÉCRATION LUCIFÉRIENNE** et J'AI ABJURÉ. (Tous doivent abjurer). Quelques heures plus tard, je fus attaquée et j'ai pu me libérer au Nom de Jésus, ayant reçu aussi la grâce de prier seule pour ma libération.

Je me réjouis de cette grande grâce, de cette belle preuve de confiance que me donne Notre Seigneur **qui prouve que je suis bien dans la vérité et dans l'obéissance dans l'exercice des charismes de libération,** de guérison et de discernement direct des esprits, et autres charismes, lire mes livres. Pour avoir reçu cette information capitale liée au rite de Mgr Bugnini et qu'aucun prêtre exorciste de France, ni d'ailleurs, n'avait publié.

Un jour, Notre Seigneur m'a fait voir dans une Basilique française lors d'une passation de crosse d'Évêque, une crosse avec une langue de

---

[11] Renseignements donnés par l'Esprit Saint dans l'exercice des charismes de libération.

serpent bien vivante. Le serpent a comme symbole *l'impureté et la secte anti-chrétienne* que Mgr Bugnini pratiquait !

Voici une prière inspirée par Notre Seigneur :

Par le pouvoir de Descendante des Rois de France de Droit Divin et d'ascendance davidique,

Par le pouvoir du charisme d'exorcisme reçu le 8 janvier 2010,

Par le pouvoir de sauver la vie à un peuple nombreux, reçu le 8 janvier 2010,

Par le pouvoir donné par le Vrai Père Eternel,

Par le pouvoir donné par le Vrai Jésus-Christ qui est plus Puissant que toutes les puissances diaboliques,

Par le pouvoir de la Vraie Vierge Marie qui les écrase sous son talon d'Immaculée Conception.

Par le pouvoir du Vrai Saint Joseph Patriarche, terreur des démons, et qui combattent aussi l'abus rituel satanique physique et mystique, devant le Vrai Archange Saint Michel auquel je suis consacrée, devant le Vrai Archange Saint Gabriel qui m'assiste dans ma mission Divine, devant mes Vrais Anges Gardiens, devant les Rois de France de Droit Divin dont j'ai hérité, devant la Princesse Sainte qui me protège jour et nuit, j'ANNULE, (*pouvoir reçu le 30 12 2016*), perpétuellement et éternellement le 16 juillet 2024, en la fête de Notre Dame du Mont Carmel, cette FAUSSE EGLISE du FAUX-PAPE BERGOGLIO, et des ANTI-PAPES précédents : JEAN XXIII, PAUL VI, JEAN-PAUL II, BENOIT XVI qui ont mis en œuvre ce FAUX CONCILE VATICAN II et je les SCELLE DANS LE VRAI SANG DU VRAI JESUS-CHRIST, Vrai Dieu et Vrai Homme,

VRAI SANG qu'Il a versé à la VRAIE CROIX HONOREE pour NOUS SAUVER DE LA MORT ET DU PECHE.

Que tout le terrain qui vient d'être reconquis soit scellé dans le Vrai Sang du Vrai Jésus-Christ. Amen.

J'en appelle à l'intercession des VRAIS PAPES DU CIEL pour que le VRAI PAPE ELU SOUS L'INSPIRATION DU VRAI SAINT ESPRIT DE VERITE SE MANIFESTE quand NOTRE SEIGNEUR DIEU UN ET TRINE l'aura décidé.

Humblement, Ô Vrai Père Eternel, je vous supplie de donner à vos Vrais Anges et à vos Vrais Archanges et à vos Vrais Saints l'ordre de venir en aide à toute l'Eglise Catholique obéissante.

Je vous confie toute votre Eglise Catholique, les bons comme les mauvais. Vous Seul, pouvez les transformer avec Notre Dame du Mont Carmel.

Au Nom du Vrai Jésus-Christ, je plante la Vraie Croix de Jésus à Rome, dans le Vatican, dans tous les diocèses mondiaux afin que le Vrai Jésus-Christ, Vrai Dieu et Vrai Homme, soit glorifié pour les siècles des siècles.

Vrai Seigneur Jésus, scellez de Votre Vrai Sang tous ces lieux et toutes ces personnes et empêchez tous ceux qui vous font du mal et à votre Eglise Catholique de continuer.

Faites que nous nous soumettions chaque jour à vos Divins Commandements.

Répandez, ô Vrai Jésus, votre Vrai Sang Précieux sur toute l'Eglise Catholique qui en a bien besoin.

Je m'appuie sur Votre Parole que j'ai déjà reçue trois fois « *demandez et vous recevrez* », Mt7, 7.

Ô Vrai Dieu Un et Trine, donnez-nous rapidement le Vrai Successeur de Pierre, qui a dû être élu sous le Pontificat caché du **Vrai Pape Grégoire XVII**.

Car rien n'est impossible à Dieu, Lc 1,37.

J'ai confiance en vous, Vrai Dieu Un et Trine et je vous en remercie d'avance.

Gloire au Vrai Père, au Vrai Fils et au Vrai Saint Esprit, comme il était au commencement, maintenant et toujours dans les siècles des siècles.

Amen.

Aussi, je demande à : tous les CARDINAUX, les ARCHEVEQUES, les NONCES, les EVEQUES, les EVEQUES AUXILIAIRES, les CURES, les PRETRES OU EVEQUES infestés, les VICAIRES, les DIACRES, les PERES ABBES, les MOINES, les RELIGIEUX, y compris les RELIGIEUSES, les PRETRES EXORCISTES,

QUI n'obéissent pas à NOTRE SEIGNEUR, TOUS LES FELONS de quitter aussi cette FAUSSE EGLISE.

CONVERTISSEZ-VOUS ET ARRETEZ DE VIOLER DANS L'INVISIBLE.

VOTRE VIE ETERNELLE EST EN JEU ET RECEVEZ des prières de libération. Je mettrai la suite sur mon site pour la libération de tous ceux qui sont dans la vérité. Je rappelle que TOUTE L'EGLISE CATHOLIQUE MONDIALE EST TOUCHEE, qu'elle soit CONCILIAIRE ou de la TRADITION FSSPX, FSSP et toutes les autres dénominations. Travaillons ensemble à la restaurer, à la rebâtir, à la relever, comme Notre Seigneur le souhaite. (Mgr Lefebvre a été ordonné prêtre et évêque par un EVEQUE ADHERENT A CETTE SECTE INFAME. Aussi, il n'est ni prêtre, ni évêque, parce que « les liens maléfiques résistent aux sacrements », -cité par P. Jean-régis Fropo, exorciste-) VICTOIRE A

NOTRE DIEU SI BON ! Béatrice Emery, descendante des Rois de France de Droit Divin et d'ascendance davidique.

Note importante : *la Consécration du Vin (en caractères gras) du livret bleu de la Tradition n'est pas la même que celle de la Messe conciliaire* (vérifié dans le livre de Messe du « Magnificat » de Juin 2019, n° 319 !).

Rendez-vous compte *qu'ils ont osé modifier les paroles de la Consécration !* En 2019, dans la prière de libération, j'avais reçu que les Communions données par des Clercs pervers étaient sacrilèges !

D'une intercesseuse infirmière :

son deuxième livre « *Si tu crois, tu verras la Gloire de Dieu* » relate de nombreuses libérations. C'est le fruit d'un énorme travail de recherche biblique, de connaissances sur les maléfices, de possession et de bien d'autres phénomènes plus que bizarres…

En 2015, je me suis intéressée au vaudou, une dame était attaquée par le vaudou et le prêtre exorciste, qui avait permis que je participe à sa séance d'exorcisme, n'avait pu la délivrer, il lui a conseillé d'aller voir un psychiatre ! Quand ils ne savent pas, les prêtres exorcistes les renvoient vers un psychiatre, il vaut mieux prier le Seigneur et lui demander Son aide. En effet, grâce à Dieu, elle fut libérée et guérie.

Mais ce que l'on ignore presque toujours et que, souvent, on s'obstine à vouloir ignorer, c'est que ce même pouvoir a été octroyé à tous les croyants par Jésus lui-même : « Et voici les miracles qui accompagneront ceux qui auront cru : **par mon nom, ils chasseront les démons** » (Marc 16 17). » Or, les paroles de l'Evangile, par lesquelles le Christ octroie à tous les croyants le pouvoir de chasser les démons, constituent une vérité de foi divine, et, en conséquence, c'est une hérésie de contredire ces paroles du Christ !

Comme il s'agit d'un pouvoir que le Christ lui-même a accordé à tous les croyants, absolument personne ne peut le contredire, même pas le Magistère actuel de l'Eglise[12].

Que Notre Dame de la Salette nous apprenne à ne pas pécher.

---

[12] Le 20 avril 1999. Publication et photocopies autorisées. Un théologien. Extrait du livre «Retire-toi, Satan». Un théologien. Année 2004 - Edition Leparex – 405-195 Côte Sainte Catherine – Outrement – Québec – CANADA H2V 2B1 – tel/fax: (514).

Chapitre 2

Prières de libération et de guérison. Libération après le Sacrement de Confession. La lèpre du péché.

« Mon peuple périt faute de connaissance », Osée 4, 6 :

Nous ne pouvons pas laisser Jésus-Christ être crucifié encore par ces « *bouchers* »! Revenons à la Vraie Église Catholique telle qu'elle a été créée par Notre Seigneur. « Adhérez à un faux-pape, c'est commettre un péché ». Avertissez, faites circuler cette nouvelle abominable. Nous sommes dans une *Fausse Eglise*.

Vous devez quitter cette Eglise Conciliaire, ne participez plus aux Messes Conciliaires très dangereuses et si vous n'avez pas la Messe de la Tradition proche de chez vous, restez chez vous comme dans «*des Catacombes*» et suivez la Messe de la Tradition avec un missel de la Tradition et faites une **Communion spirituelle**, qui est très forte, je vous assure. Quant à moi, je suis en catacombes depuis le 1ᵉʳ novembre 2020. Dans un prochain chapitre, je vais vous apprendre *pourquoi cette messe conciliaire est très mauvaise*. Lisez ce que *l'âme damnée de Paul VI* m'a confié sur la messe conciliaire.

Avons-nous pris l'habitude dans l'Eglise Catholique de se défausser sur les psychiatres pour libérer les Clercs et les Fidèles laïcs, même les païens, le message de Jésus est annoncé à tous, alors que l'Evangile nous invite au Nom de Jésus, à guérir les malades et à chasser les démons ?

Avons-nous oublié que Jésus est le médecin des médecins ? Pourquoi les autorités de l'Eglise Catholique désobéissent-elles au Christ de guérir les malades et chasser les démons, au Nom de Jésus ? Pourquoi ?

« D'après les paroles mêmes de Jésus conférant à tous les croyants le pouvoir de chasser les démons (Marc, 16, 17), selon les enseignements communs des Pères de l'Eglise et des théologiens, il ressort très clairement que les Laïcs peuvent faire des exorcismes privés sans doute avec la prudence et la discrétion qui s'imposent !… Ce pouvoir octroyé à tous les Croyants conserve toute sa valeur de légitimité et toutes les interdictions ne peuvent être qu'abusives et invalides ![13]… Est-ce vital de recevoir une prière de libération ?

Combien de clercs avant leur ordination ont-ils eu une ou plusieurs prières de libération ? Aucune personne ne peut dire « *je n'ai pas besoin d'une prière de libération* », aucune ! Combien de Clercs ont-ils eu une formation sur ce sujet ? Certain(s) recteur(s) de Séminaire le propose (nt) à leurs séminaristes. Combien d'Evêques ont-ils eu une prière de libération avant leur ordination épiscopale ? Combien d'Evêques la pratiquent-ils ?

Clercs, libérez-vous les pénitents après leur avoir donné le sacrement de Réconciliation ? Quand le pénitent s'accuse d'un péché de viol. Clercs, libérez-vous un esprit de viol et un esprit d'impureté ? Clercs, libérez-vous tous les esprits impurs en lien avec les péchés ? Pénitents, si le prêtre ne sait pas les libérer, vous repartez avec vos esprits impurs ! *« Lire l'article du Père Jean-Régis Fropo : Nouveau Rituel du baptême : le cri d'alarme d'un exorciste[14].»*

---

[13] Référence 9 Ibid.

[14] Rédigé par Père Jean-Régis Fropo le 05 novembre 2016 dans Religion. » https://www.hommenouveau.fr/1815/religion/nouveau-rituel-du-bapteme---lecri-d-alarme-dun-exorciste.htm

Prenons un exemple : le pénitent a confessé un péché de masturbation, l'esprit de masturbation et l'esprit d'impureté seront toujours là après l'absolution et ils vont continuer à le faire tomber dans le péché. Et le pénitent risque de se décourager ou de ne plus supporter le discours moralisateur du prêtre en Confession et ne plus venir se confesser. Le pénitent peut apprendre aussi à se libérer de ses esprits impurs, si le prêtre ne l'a pas fait. Des conseils sont donnés dans mon septième livre « *Etes-vous exorciste, Madame*[15] ?»

Mais cet esprit d'impureté peut être lié à une malédiction d'impureté générationnelle posée sur sa famille par un ascendant qui se livrait à la débauche, à l'adultère, au viol, à l'inceste, à la pornographie, à l'abus rituel satanique physique et, ou, mystique,… (cela se sait très souvent dans les familles). Sinon, c'est le « *Vrai* », (*parce qu'il y a un faux*), Saint Esprit qui le révèle, si l'intercesseur a le charisme du discernement direct des esprits, charisme infiniment précieux.

En effet, le Seigneur peut le donner au prêtre ou au Fidèle laïc qui a le discernement direct des esprits (1 Co 12, 10) et, ou, les esprits d'impureté ont pu rentrer dans un enfant in utero avant la naissance, suite au viol de la mère, ou à d'autres péchés d'impureté, ou au désir d'avortement de l'enfant et quand ils le font, les esprits impurs sont protégés par un sceau qu'il faut briser, par des personnes qui ont autorité, comme un prêtre exorciste ou une personne qui a un charisme de libération reconnu par un prêtre exorciste ou par plusieurs. Tiré de la

---

Publié aux Editions Generis Publishing, sous les deux noms Malleron et Hémery.
[15] Septième livre publié aux Editions Generis Publishing.

formation que j'ai suivie avec Béatrice Soulary[16] et recommandé par un prêtre exorciste fiable.

Et ces sceaux utéros, il y en a de très nombreux qu'il faut nommer précisément et ce n'est que l'Esprit Saint qui peut les dévoiler. L'enfant ou l'adulte concerné aura toujours une vie chaotique, s'ils ne sont pas brisés.

Un couple qui voudrait se marier et qui a eu auparavant une vie désordonnée dans le concubinage, la pornographie… a besoin d'une prière de libération pour libérer les liens physiques, psychiques, sexuels et spirituels, en demandant à Jésus de couper toutes les relations sexuelles passées. ***Et les liens d'âme sont très puissants.***[17] Idem pour un séminariste qui a vécu dans l'impureté avant son ordination. En cours de formation, nous avons appris une belle prière de libération pour ces couples. Quand je la prononce, on me signale que cette prière fait beaucoup de bien. Merci à Notre Bien-Aimé Seigneur qui a pitié de ses enfants. Si le Bon Dieu nous demande dans ses commandements, Ex 20,14 à 17, « *tu n'auras pas de désir impur volontaire, tu ne commettras pas d'adultère* », ce n'est pas pour nous brimer, c'est pour notre bien ! Dieu s'oppose aux orgueilleux, l'orgueil est un péché capital, c'est une porte ouverte au démon.

Je rappelle l'importance des dix Commandements :

« Tu adoreras Dieu seul et tu l'aimeras plus que tout.

---

[16] « session de formation à la délivrance » avec le livre de F. MacNutt en fin d'année 2010.

[17] « Si un homme a eu six relations sexuelles avec six femmes avant de se marier, *il apporte six femmes à côté de lui dans le lit nuptial* », texte cité par Francis MacNutt. De Francis MacNutt, page 140, « La délivrance pour aujourd'hui », éditions Bénédictines.

Tu ne prononceras le nom de Dieu qu'avec respect.

Tu sanctifieras le jour du Seigneur.

Tu honoreras ton père et ta mère.

Tu ne tueras pas.

Tu ne commettras pas d'adultère.

Tu ne voleras pas.

Tu ne mentiras pas

Tu n'auras pas de désir impur volontaire.

Tu ne désireras pas injustement le bien des autres. »

Le non-respect d'un ou de plusieurs commandements peut être une porte ouverte à l'esprit du mal.

Le péché n'est-il pas une bête tapie qui te convoite et que tu dois dominer ? (Gen.4, 7). Demandons chaque soir à Jésus et à Marie de nous aider à relire notre vie de la journée et à demander pardon à Jésus de ce qui n'était pas conforme à Sa Volonté. Pensez aussi à faire une confession générale, relire sa vie sous le regard de l'Esprit Saint et avec l'aide des dix Commandements[18].

Reconnaître que nous avons péché en pensée, en parole, par action et par omission. Apprendre à dire l'acte de contrition :

« Mon Dieu, j'ai un très grand regret de T'avoir offensé,

Parce que tu es infiniment bon, infiniment aimable,

Et que le péché Te déplait.

---

[18] Dt 4, 13.

Je prends la ferme résolution,

Avec le secours de Ta Sainte grâce,

De ne plus t'offenser et de faire pénitence. »

Cet acte de contrition peut être dit chaque soir avant de s'endormir. Il est possible de dire « vous » à la place du « te ».

Le prêtre vous donne le pardon de Dieu, lors de la Confession.

« Que Dieu notre Père vous montre sa miséricorde. Par la mort et la résurrection de son Fils, il a réconcilié le monde avec lui et il a envoyé l'Esprit Saint pour la rémission des péchés. Par le ministère de l'Eglise, qu'Il vous donne le pardon et la paix. Et moi, au nom du Père et du Fils et du Saint Esprit, je vous pardonne tous vos péchés[19] ». Nous répondons : Amen !

Quand je prononce le « *Amen* », je ressens que le sac à dos rempli du fardeau de mes péchés vient de tomber de mes épaules et je respire beaucoup mieux, soulagée. Essayez de vivre très régulièrement ce merveilleux sacrement et vous ne le regretterez pas, (même s'il y a un problème dans l'Eglise Catholique, le Seigneur entend votre Confession).

A vous, Clercs, mais aussi Laïcs, ne vous endormez pas chaque soir avec le fardeau de vos souffrances, demandez la prière de libération pour que Jésus, Notre Sauveur, vous libère. Rappelez-vous que le démon est venu *voler, égorger, détruire*. Jn 10, 10. Car, il sait bien le faire ! Et on lui laisse une autoroute pour commettre ses méfaits !

---

[19] Relevé dans le livret « comment se confesser » distribuer à la chapelle de la Réconciliation à Lourdes que m'avait remis le père Bourdalé-Dufau.

Comment peut-on savoir si l'on a besoin de libération ? La présence et la nature des mauvais esprits peuvent être connues[20], **- soit par le discernement direct des esprits qui est un des charismes du Saint Esprit** (1 Co, 12,10). Un pédophile, un violeur, un homosexuel… sont aux prises avec le démon de l'impureté, Asmodée. Croyons-nous qu'Asmodée lâche ses proies si facilement ? Que peut donc faire le psychiatre en face d'Asmodée ? Le psychiatre sait-il qu'il y a un démon qui fait du mal à ses patients ? C'est pourquoi on les bourre de médicaments quand on ne sait quelle maladie a le patient, ou quel mal a la patiente !

D'un prêtre : « Luc 17, 11-19, Jésus entre dans un village. Et voilà que dix lépreux apprennent sa présence. L'infortune les a réunis en un groupe mis au ban de la société, à cause de cette maladie affreuse, qui rend le corps faible, hideux, d'une difformité repoussante, dévoré et couvert d'ulcères dégoûtants et douloureux. Ces lépreux tout en gardant la distance et la séparation prévues par la loi mosaïque, s'avancent avec peine attirés par la réputation de thaumaturge de Jésus et s'écrient : « *Jésus, Maître, prends pitié de nous* ». Qui n'aurait pas compassion devant un tel spectacle, qui ne se sentirait pas remué au fond de ses entrailles face à une telle souffrance.

Le cœur de Jésus en est bouleversé. Mais son cœur est mu d'une autre compassion devant une misère beaucoup plus profonde et plus grave : *la misère des âmes blessées par le péché.*

En effet, la lèpre est l'image du péché. Le péché produit dans l'âme les mêmes effets que la lèpre sur le corps : la difformité, la contagion,

---

[20] *-soit par l'observation et la détection de certains symptômes ou maux que les esprits impurs font subir à une personne ou à sa famille*. Page 20 du livre « Peut-on se libérer des esprits impurs ? » de Mgr Tournyol du Clos, Editeur l'Archistratège, 6ème édition.

l'anathème. La guérison des dix lépreux nous montre le chemin de la conversion, comment ouvrir son cœur à l'amour miséricordieux infini du bon Dieu et recevoir son pardon, qui nous purifie de nos péchés, et la reconnaissance que nous devons avoir.

Conscient de leur triste état, les dix lépreux se tournent vers Jésus, l'unique Sauveur des hommes. Ils lui demandent la guérison par une prière commune pleine d'humilité, de ferveur, de persévérance et de confiance. Ils obéissent à Jésus sans hésitation, ni retard, car ils ont foi en lui, ils sont persuadés que seul le regard de compassion et de miséricorde de Jésus peut les guérir et les sauver.

Ces dix lépreux invitent chacun d'entre nous à se tourner vers Jésus avec confiance et amour, avec humilité et obéissance, convaincu qu'il accordera toujours ce qui convient le mieux pour le salut de notre âme et de notre corps. Contemplons la compassion et la bonté de Jésus pour ces dix lépreux. Il exauce leur prière en les envoyant aux prêtres, c'est là une promesse certaine de guérison. En effet, le lépreux devait pour obéir à la loi et pouvoir réintégrer la société des hommes faire constater sa guérison par les prêtres.

Cette compassion et cette bonté de Jésus sont notre héritage, si nous voulons bien obéir à ses paroles : « ***Allez-vous montrer aux prêtres*** ». Il y a là une allusion évidente au sacrement de Pénitence, source abondante et intarissable de la miséricorde de Dieu. Que le Seigneur est bon de nous avoir donné un moyen si simple, si facile, si sûr d'être guéris non pas seulement une fois, mais tout au long de notre vie en recourant à cet admirable sacrement. »

Le péché non confessé engage notre vie éternelle.

<h1 style="text-align:center">Chapitre 3</h1>

Notre Vie Eternelle, que sera-t-elle ? Charisme d'alerter les Grands Pécheurs. L'Enfer ? Le Purgatoire ? Le Ciel ? Que vais-je choisir ?

Béatrice Malleron-Emery a reçu le 8 janvier 2010 une grande mission du Vrai Dieu Un et Trine, qu'elle assume avec confiance, joie et droiture, en obéissant à cet Ordre Divin « ***Faites tout ce qu'Il vous dira*** »Jn 2,5. La Puissance de Dieu se déploie dans sa faiblesse. Elle revendique avec force sa place de fille bien-aimée du Père. Et elle a raison parce que nous sommes tous et toutes les fils et filles bien-aimé(e)s du Père Eternel. Sa mission est importante, mais elle s'appuie toujours sur le Seigneur avec les charismes de discernement direct des esprits et du parler en langues qui lui permettent d'être éclairée par l'Esprit Saint, afin d'aider efficacement les souffrants à se sortir des pièges dans lesquels ils se sont enfermés. Par ce livre « *Passeport pour l'Enfer si tu t'enfonces dans la boue de l'impureté* » que l'Esprit Saint lui a demandé d'écrire et en acceptant la Volonté Divine, elle désire nous mettre en garde contre tous les péchés d'impureté qui nous emmènent tout droit en Enfer. Lisez ce livret, obéissez à Dieu et revenez vers Lui de tout votre cœur et vous connaîtrez la joie éternelle ! *Le préfacier prêtre de son troisième livre.*

Notre vie éternelle, que sera-t-elle ?

Alors, parla le Juge : « *Pour les prières de ma Mère et de mes amis, cet homme obtiendra avant de mourir la contrition parfaite, de sorte qu'il ne descendra point en Enfer ; mais il sera purifié avec ceux qui, ayant commis de grands péchés, endurent de grandes peines dans le Purgatoire. Et cette âme étant purifiée, aura la récompense du Ciel avec ceux qui, sur terre ont eu la Foi et l'Espérance, avec quelque petite Charité.* »

Ces choses étant dites, les démons s'enfuirent.

Peu après cette vision, **sainte Brigitte**[21] vit un lieu fort terrible. C'était une fournaise ardente, large et profonde comme une mer, où le feu n'avait autre chose à brûler que les démons et les âmes toutes vivantes ; et sur cette fournaise, apparut l'âme dont nous avons vu le jugement. Or, les pieds de cet homme étaient comme attachés à la fournaise et le feu se poussait vers eux, ainsi que l'eau poussée en haut par le tuyau, de sorte que ses pores étaient comme des veines ouvertes d'où sortait le feu. Ses yeux étaient enfoncés, ses dents comme des clous de fer attachés au palais, ses bras étaient si tendus qu'ils allaient jusqu'aux pieds, et de ses mains gouttaient une poix ardente. De la peau, qui semblait être sur l'âme comme sur un corps, procédait une puanteur si horrible qu'on ne saurait la comparer à la plus infecte, à la plus pernicieuse puanteur.

Ayant donc vu cette effroyable calamité, **sainte Brigitte** entendit la voix de cet homme, qui criait avec un déluge de larmes : « *Malheur ! Malheur ! Malheur ! Malheur que j'aie aimé si peu Dieu pour ses grandes Perfections et les Grâces dont Il me comblait. Malheur que je n'aie pas considéré la Passion qu'Il souffrit avec grand Amour pour l'homme ! Malheur à moi de n'avoir pas craint sa Justice comme je le devais ! Malheur à moi d'avoir aimé les plaisirs de mon corps qui m'ont conduit au*

---

*péché ! Malheur à moi pour mon orgueil et mon ambition des richesses !
Malheur à moi de vous avoir connus, ô Louis et Jeanne ! »*

L'ange dit à Ste Brigitte : « *L'Enfer brûle de telle sorte que si tout
ce qui au monde brûlait, cela ne serait rien en comparaison de la violence
de ce feu. On entend de cette fournaise sortir d'horribles voix, toutes
contre Dieu, et toutes commencent par : 'Malheur !' Et finissent par
'Malheur !' Le supplice de cet homme au-dessus de l'Enfer est très cruel
et doit durer jusqu'à la fin du monde, s'il n'est pas secouru par ses amis.* »
Et avec force, l'ange ajouta : « *Béni soit celui qui étant sur terre, vient au
secours des âmes par des prières, ses œuvres et par le travail de son
corps. La Justice de Dieu ne peut mentir, elle dit que les âmes peuvent
être soulagées et affranchies par ces moyens.* »

**En ce moment, on entendit plusieurs voix qui du Purgatoire,
suppliaient lamentablement :** « *Ô Seigneur Jésus-Christ ! Juste Juge !
imploraient-elles, Envoyez votre Amour et votre Charité en ceux qui vivent
au monde. Que Dieu récompense ceux qui nous envoient du secours !* »

Il s'agit bien des âmes qui méritent l'Enfer mais qui peuvent être
sauvées en raison des prières et sacrifices offerts à leur intention par
d'autres âmes vivant sur terre, comme la Vierge l'a rappelé à Fatima ...
mais non sans devoir expier en un douloureux Purgatoire.

Dieu, Notre Père, a créé notre âme[22]. Nous sommes ses
créatures. Nous sommes aimés de Dieu. En avons-nous conscience que
nous sommes aimés par Notre Père ? Il nous le prouve chaque jour, de
nombreuses façons. La créature dépend de Son Créateur. La créature
devrait obéir à Son Créateur, la créature n'est-elle pas soumise à Dieu ?
Mais Dieu nous a laissés libres de L'aimer ou de refuser l'amour qu'Il nous

---

[22] Un extrait du livre « Passeport pour l'Enfer si tu t'enfonces dans la boue de
l'impureté ! Page 4 » publié en 2018 aux Editions Croix du Salut.

donne. Nous ne sommes pas des marionnettes que Dieu dirige à sa façon. Par contre, les abuseurs sexuels veulent faire de nous des marionnettes.

Parfois, nous sommes comme des enfants rebelles qui ont envie de désobéir à leur Père Eternel. Qu'est-ce qui nous pousse à désobéir à Notre Créateur ? Le Pouvoir, l'Argent, l'Amour de la chair, les Plaisirs, les Appétits sexuels, celui qui nous inspire, qui nous pousse au péché, le Tentateur ou le Diable ou Satan, l'ennemi de nos âmes qui a aussi d'autres noms ?

Charisme d'alerter les grands pécheurs, reçu du Seigneur en novembre 2016 en présence d'un prêtre et pour un prêtre pervers narcissique, cité dans mon deuxième livre « *Si tu crois, tu verras la Gloire de Dieu* » je le cite à la page 267 dans le paragraphe « *à chacun, il est demandé d'être fidèle, d'obéir et de faire confiance*».

Dieu m'a fait la grâce de m'appeler à une mission particulière de «*sauver la vie à un peuple nombreux*» que vous pourrez lire dans l'ouvrage cité au-dessus et il m'avait été donné plusieurs versets bibliques dont le livre d'Esther le 8 janvier 2010, afin que j'intercède pour le salut des âmes. Comme un grand saint que j'apprécie beaucoup, *saint Pio de Pietrelcina*, je dois prier pour le salut des âmes et la gloire de Dieu et j'ai reçu «*le combat de la souffrance*», «*le combat du mal et de la justice*» et «*le combat de la prière*»[23].

Sauver les âmes et ainsi que celles qui sont dans le passage de la mort et essayer de les sauver de l'Enfer est une de mes missions. Un

---

[23] Editions Croix Du Salut. www.editions-croix.com « Si tu crois, tu verras la Gloire de Dieu, « le combat de la souffrance » page 159, « le combat du mal et de la justice » page 157, « le combat de la prière » page 157.

prêtre me confia en octobre 2017, votre charisme est *«un charisme d'enfantement des âmes à la vie éternelle»*.

Le Seigneur me pria d'écrire sur l'Enfer éternel quand je vois le nombre d'âmes qui vont se perdre en vivant continuellement dans *le péché mortel* sans changer de vie et sans se confesser et sans savoir qu'il y a un Enfer éternel. On nous a fait croire, on nous fait croire que nous irons tous au Paradis ! Mais, avons-nous oublié la Justice de Dieu ? Qu'en cours de formation, nous avons revu, tant cela est très important.

Sainte Thérèse peut nous aider beaucoup à avoir le regard de Dieu sur les autres.

J'accompagnais en 2005 un groupe de Jeunes avec leur Aumônier et leur Animatrice pastorale. Deux jeunes filles de quinze à seize ans désiraient participer à ce Jubilé du Puy en Velay, mais elles n'étaient pas à leur aise. Cela créait quelques conflits. L'animatrice m'en avait fait part. Et j'essayais de les captiver. Le parcours jubilaire se déroula harmonieusement et j'arrivais à la dernière étape : l'autel des saints locaux de la Haute Loire, où avaient été rajoutées les statues de saint Joseph et de sainte Thérèse. L'animateur remettait à cette étape, la médaille de la Vierge Noire. Ma mission était terminée, et j'étais prête à partir. Mais ce groupe restait silencieux et toujours installé sur les bancs dans la Chapelle. Rien ne les faisait bouger. Aussi, leur ai-je dit :

- ***«au revoir, pas adieu, car nous nous reverrons au Ciel. Je l'espère, car je ne veux pas aller au Purgatoire et encore moins en Enfer.»***

Ma phrase les a bousculés et ils se sont tous levés, même le prêtre et ils m'ont dévisagée. J'en profitais pour m'éclipser. Le lendemain de bon matin, me rendant à la Cathédrale, je rencontrais ces pèlerins de la veille qui descendaient les marches de la Cathédrale. L'animatrice m'a remerciée pour mon témoignage en fin de parcours jubilaire. Ces deux jeunes filles ont été interpellées vivement. Cela a fait l'objet d'une discussion passionnante. Et, ils ont tous gardé un bon souvenir de ce pèlerinage. Merci Seigneur de m'avoir inspiré ces mots de conclusion.

C'est ainsi qu'au cours du Jubilé, grâce à **la petite Thérèse**, cette grande sœur que le Père Eternel m'a donnée, je découvris qu'il vaut mieux faire son Purgatoire sur la terre qu'au Ciel. En effet, je ne veux pas passer des siècles à le faire[24]. Je demandais solennellement à Dieu de le faire. Ensuite, je le confiais dans ma Confession à un Chapelain. Il a répondu :

- « *Madame, vous avez eu beaucoup de courage d'avoir imploré cela, je n'ai jamais osé le faire.* » Le Seigneur a bien entendu, car la Croix est arrivée très vite. Plusieurs mois après, j'ai renouvelé cette requête devant le Tabernacle.

Le 7 Novembre 2009 : je bénéficiais d'un Miracle, celui de la Transfiguration d'une personne agonisante. [...] :

Avant de partir de la chambre, j'ai béni Jeanne, puis je lui ai dit que «*Jésus vous donne Sa paix, Sa sérénité et Sa joie*». J'ai précisé «*à demain*», ignorant l'heure de sa mort. L'infirmière m'ayant raconté qu'elle était en fin de vie, mais que cela pouvait durer, sa seule famille, un neveu n'est pas venu la voir, pour une question d'héritage ! [...] Je me suis dirigée vers le pied de son lit. Jeanne était assise dans son lit, *la « Sainte »* Hostie (***par ma Foi, je pouvais faire venir Jésus dans l'hostie***) que je portais sur moi était dans la custode sous mon pull, l'aumônier prêtre était derrière moi.

---

[24] Homélie de Toussaint du père Marie-Christophe, l'ancien Prieur de Murat dans le Cantal.

Quand je suis passée devant Jeanne, malade agonisante que j'accompagnais pour la première fois et dernière fois pendant deux heures quarante-cinq minutes, le 7 novembre 2009, *j'ai vu un visage resplendissant, des yeux ouverts, souriants, un beau visage plein de lumière, la bouche normale, des dents, des vraies dents bien blanches, pas un dentier qu'elle n'avait pas, le temps que je l'ai accompagnée. J'ai vu un visage TRANSFIGURÉ. Nous avons vu un visage transfiguré.* [...], la suite est dans mes précédents livres.

Comme saint Thomas (et saint Jean), je peux professer : « *j'ai vu et j'ai cru.* » Et je suis partie ! Je croyais déjà à la Transfiguration du Christ, mais vivre en direct cet instant Unique prend une dimension surnaturelle où j'ai vu en quelques minutes *la Gloire de Dieu sur la terre des vivants.* [...]

Le prêtre présent (l'Aumônier de l'hôpital) que j'interrogeais beaucoup plus tard m'avoua : «ce visage lumineux était bien pour vous, quand vous avez mis la main sur la poignée de la porte, tout s'est arrêté.» [...] Un prêtre me confia : «tout temps donné gratuitement à une personne malade, le Seigneur le rend au centuple.» Un autre m'affirma : «On ne s'occupe jamais d'un mourant avec miséricorde sans en recevoir de grandes grâces.»

D'un prêtre ancien aumônier d'un grand hôpital : «je suis très heureux que vous puissiez vivre de si belles expériences avec simplicité, et toute donnée au Seigneur. [...] Nous apprenons beaucoup de la souffrance d'autrui tant que nous sommes ouverts à la compassion avec le désir de soulager et d'apporter une lumière pleine d'espérance.» Encore d'un prêtre : «Magnificat ! Merci Béatrice pour ce beau témoignage. Que le Seigneur continue de faire de vous le canal de sa miséricorde». [...]

Comme si après la mort, il n'y avait plus rien ! Une surveillante générale d'hôpital me confiait un 9 novembre 2009 : *«S'il y a quelque chose après la mort, vous étiez là»* [25]

L'Abbé Henri Vallançon *«nous entretient du péché mortel.*[26]*»*

Avons-nous envie de souffrir dans le feu éternel pendant des siècles et des siècles ? Notre vie sur terre n'est qu'un passage.

«L'Eglise appelle Purgatoire cette purification finale des élus qui est tout à fait distincte du châtiment des damnés[27].»

Première Epître à Timothée 4, 1 :

«L'Esprit dit expressément que, dans les derniers temps, certains renieront la foi, pour s'attacher à des esprits trompeurs et à des doctrines diaboliques, séduits par des menteurs hypocrites marqués au fer rouge dans leur conscience.»

Epître aux Galates 5, 13 à 21 :

13 Vous en effet, mes frères, vous avez été appelés à la liberté ; seulement que cette liberté ne se tourne pas en prétexte pour la chair ; mais par la charité mettez-vous au service les uns des autres.

14 Car une seule formule contient toute la Loi en sa

plénitude : *Tu aimeras ton prochain comme toi-même.*

15 Mais si vous vous mordez et vous dévorez les uns les autres, prenez garde que vous allez vous entre-détruire.

---

[25] Pages 11 et 12 du troisième livre déjà cité à la référence 10

[26] *« dont la conséquence est la damnation éternelle face aux abus sexuels commis par des prêtres sur des mineurs »*.Cité dans le troisième livre.

[27] CEC numéro 1030.

16 Or je dis : laissez-vous mener par l'Esprit et vous ne risquerez pas de satisfaire la convoitise charnelle.

17 Car la chair convoite contre l'esprit et l'esprit contre la chair ; il y a entre eux antagonisme, si bien que vous ne faites pas ce que vous voudriez.

18 Mais si l'Esprit vous anime, vous n'êtes pas sous la Loi.

19 Or on sait bien tout ce que produit la chair, fornication, impureté, débauche,

20 idolâtrie, magie, haines, discordes, jalousie, emportements, disputes, dissensions, scissions,

21 sentiments d'envie, orgies, ripailles et choses semblables – et je vous préviens, comme je l'ai déjà fait, que ceux qui commettent ces fautes-là n'hériteront pas du Royaume de Dieu[28].

Savez-vous   que   Jésus-Christ   libère   et   guérit   le   viol…

---

[28] Les versets 19, 20, 21 surlignés par l'autrice.

Chapitre 4

Le viol – Jésus libère et guérit le viol – Chasser tous les esprits d'impureté – Jésus nous donne autorité sur les esprits démoniaques. Jésus est Sauveur.

Une petite fille de six ans avait été violée à l'âge de trois ans. Et l'on avait accusé à tort son père de cet acte abominable, je priais d'abord pour les parents blessés, puis j'ai fait rentrer la petite fille devenue triste, peureuse qui avait perdu sa joie de vivre. Je lui expliquais que je priais le Seigneur de la guérir et de la libérer de quelque chose qui l'avait fait souffrir dans sa petite enfance et je lui demandais l'autorisation de prier pour elle. Aussi, je priais à mi-voix pour qu'elle n'entende pas les mots que je prononçais pour ne pas l'effrayer et je la calais contre ma hanche gauche en la serrant contre moi pour la rassurer. Tout à coup, elle m'a dit « *je ne me sens pas bien* ». Très attentive, je la rassurais. Je la pressais contre moi. Elle toussa, *l'esprit impur de viol était sorti.* Le Seigneur l'avait libérée et guérie de cet esclavage. Je lui fis boire un verre d'eau bénite et exorcisée (les sacramentaux, l'eau, le sel, l'huile d'olive bénits et exorcisés sont essentiels dans le combat spirituel.) Ses parents ont témoigné qu'elle avait retrouvé sa joie de vivre et qu'elle était devenue une radieuse petite jeune fille.

Un enfant ou un adulte violé a en lui des esprits impurs, tels que l'esprit de viol, l'esprit de pédophilie, l'esprit d'impureté…, des malédictions, des liens d'âme entre l'abuseur et l'abusé et les liens maléfiques liés à son histoire générationnelle… Une prière de libération et de guérison intérieure est essentielle. Le psychologue, le psychiatre ne pourront pas libérer une victime des esprits impurs.

Une autre jeune fille violée est venue me voir avec ses parents, elle est repartie libérée et guérie. Dans la voiture, sur le chemin du retour, elle confia à sa mère qu'elle avait mal au ventre. Le lendemain, ses menstruations sont revenues après onze ans d'absence, aucun médecin n'avait pu les faire revenir. Gloire à Dieu, Notre Dieu si Bon pour ses enfants.

Jésus nous donne autorité sur les esprits impurs, sur tous les esprits démoniaques. *C'est complètement faux de dire que les victimes de viols souffriront toute leur vie des conséquences du viol !* Il faut rétablir la vérité, Notre Seigneur les libère et les guérit, si les victimes ne sont pas dans le mensonge.

Une dame qui avait *une addiction à la cigarette et à l'adultère* depuis trente-sept ans a été libérée et guérie par Jésus-Christ de ces deux addictions.

Un Recteur de Séminaire dans l'Ouest de la France a accepté de prier avec moi en 2014 pour la libération de sa fille spirituelle : il avait conseillé à cette dame d'arrêter momentanément la vie de couple parce que son mari avait subi *un viol dans sa petite enfance*. Il pensait *les confier à un psychiatre*, quand j'ai eu la grâce d'écouter cette épouse éplorée. Aussi, je lui ai demandé de me mettre en contact avec son père spirituel parce que j'étais sûre que Notre Seigneur allait libérer et guérir ce couple par la prière de libération et de guérison intérieure. En effet, c'est ce qui s'est passé. Et le prêtre lui a confié « *Béatrice est simple, humble et sérieuse.* »

Des propositions à faire remonter au séminaire, au diocèse, en formation etc…

1-Proposition pour tous les prêtres : les libérer des liens démoniaques liés aux iniquités commises par leurs ascendants, les souffrances de leur vie personnelle, y compris dans la vie intra-utérine pour les prêtres avant leur sacerdoce et régulièrement pendant l'exercice de leurs fonctions sacerdotales. Pensez que le sacrement de Baptême peut être invalide.

2-Proposition pour tous les couples : les libérer de liens démoniaques liés aux iniquités commises par leurs ascendants, les souffrances de leur vie personnelle, y compris dans la vie intra-utérine et avant le mariage et régulièrement pendant le mariage. Le sacrement de Baptême peut être invalide.

Cela éviterait beaucoup de problèmes pour tous. «*Le nier, c'est un esprit d'orgueil qui gouverne la personne ou l'autorité d'Eglise*», m'avait confié un prêtre exorciste fiable.

Libération d'un jeune homme vivant en concubinage : au Nom de Jésus, j'ai libéré un jeune homme catholique qui vivait en concubinage avec sa copine en désobéissance aux Commandements de Dieu. Ex. 20. Au Nom de Jésus, j'ai chassé une légion de démons, soit près de 2000 démons. C'est la Vierge Marie qui m'a appris à chasser une légion de démons. Ce jeune faisait ainsi alliance avec Satan, par les relations sexuelles avant le mariage, […]. ***A tous péchés graves, sont liés des esprits impurs ou démoniaques qu'il faudra chasser.*** Combien de jeunes ont-ils la grâce d'avoir une ou plusieurs prières de libération ? Combien de prêtres libèrent-ils les esprits impurs après le Sacrement de Réconciliation ? De nombreux sacrements de Baptême sont invalides en lien avec les actes démoniaques commis par leurs ancêtres, y compris le Sacrement de l'Ordre ! *Et tout ce qui se rapporte à la messe diabolique du Concile Vatican II.*

Pour les personnes souffrant d'addiction à la cigarette, à la drogue, à l'alcoolisme, à l'adultère, à l'immoralité, à l'angoisse, à la tendance au suicide[29] en lien avec mes prières de libération, ..., ce n'est pas de l'ordre de la maladie, ce sont des démons qu'il faut chasser. Et chasser aussi les esprits de traumatisme... et les liens maléfiques des générations passées, il n'y a que l'Esprit Saint qui peut les révéler par le discernement direct des esprits. Dans le septième livre **« Etes-vous exorciste, Madame ? »**, je donne une prière de délivrance pour les débutants. Cela peut être nécessaire.

Ecouter avec miséricorde, n'est-ce pas écouter profondément, avec le cœur, les misères du prêtre, du laïc, de la laïque, de l'enfant qui souffre. Dans le frère ou la sœur souffrant en face de moi, je n'y vois plus que le Christ qui souffre et *« plus le pauvre est dégoûtant, plus il faut l'aimer »* **(sainte Bernadette)** et c'est *dans la puissance de la prière que je peux puiser la force pour écouter* cette vie douloureuse et je ne dois pas me dérober. *Seigneur, donne-nous la compassion !* ***Toutes les victimes d'abus*** *qu'elles soient jeunes ou adultes ont besoin de la prière de libération.* C'est vital. Qu'attend l'Eglise Catholique pour leur proposer ? Avons-nous oublié que Jésus sauve ? Croyons-nous en Jésus Sauveur et Libérateur ?

Liste de péchés d'impureté et esprits démoniaques d'impureté générationnels et/ou actuels :

Viol - Pédophilie[30] – Inceste – Abus rituel satanique – Attouchement – Viol mystique – Abus rituel satanique mystique – Esclavage sexuel –

---

[29] Cité aussi dans le Livre du Père Ovila Melançon c.s.c. Exorcismes et pouvoirs des laïcs. Influences diaboliques. Page 10. ©Editions Bénédictines. ISBN 2-910972-13-5.

[30] Lire la page 245 de mon livre « Si tu crois, tu verras la Gloire de Dieu, éditions Croix du Salut, 2017.

Echangisme – Esclavage sexuel mystique – Luxure – Exhibitionnisme – Violences sexuelles – Fornication – Perversion sexuelle – Adultère – Débauche - Abus sexuels – Concubinage – Homosexualité – Prostitution – Divorce – Remariage – Lesbianisme – Pornographie – Fellation – Sodomie – Masochisme – Masturbation – Sadisme – Convoitise sexuelle – Magie rouge – Magie rose – Jeux sexuels – Nymphomanie – Emprise sexuelle – Non-Chasteté – Immoralité – Orgies sexuelles - Tous les esprits impurs liés au sacerdoce – Immodestie dans les tenues…

Tous ces péchés doivent être confessés, réparés et les esprits impurs liés à ces péchés doivent être libérés par une ou plusieurs prières de libération. Envoyer un prêtre abuseur chez un psychiatre, cela ne sert à rien. Il recommencera une fois sorti parce que les esprits impurs ne seront pas chassés. Confiez-le plutôt à Jésus-Christ pour qu'un de ses intercesseurs prient pour sa libération et sa guérison. Sinon, aux yeux de Dieu, vous, autorité d'Eglise, serez complice du mal qu'il continuera à faire. La prière de libération mettra en lumière si le prêtre ou le laïc est calomnié ou s'il a vraiment commis un acte grave. Et dans ce cas, il est nécessaire de le dénoncer au Procureur de la République.

Evitez de laisser vos prêtres dans la souffrance afin qu'ils ne commettent pas l'irréparable, un suicide. Qui sait qu'un suicide donne un droit à Satan ! Pour le prêtre d'Orléans qui s'était suicidé, j'ai offert tout de suite au Seigneur pour lui une indulgence plénière pour casser ce droit que Satan avait sur lui. Et parfois *des Evêques mettent des esprits démoniaques sur des personnes qui les dérangent, Clercs compris.* Dans le cas de viol et, ou, viol mystique et d'abus rituel satanique et, ou, d'abus rituel satanique mystique, Dieu, dans sa grande bonté, crée pour les victimes *des alters ou personnalités multiples* afin de leur permettre de survivre (*cité aussi en formation*). Je vous renvoie à mon livre[31].

Jésus-Christ libère, relève, restaure, rebâtit, guérit l'homosexualité, le viol, l'inceste, la pédophilie, ... et chasse tous les esprits impurs liés à tous les péchés d'impureté, détruit les sceaux utéros de viol, d'avortement, de mort... jusqu'à la mémoire de l'acte de l'abus sexuel et reconstruit la personne qu'elle soit abusée ou abuseur dans toutes les instances de son être. C'est le Seigneur qui donne sa Puissance pour libérer. S'il vous plaît, *faites connaître autour de vous que Jésus guérit le viol et tous les autres abus sexuels*. Quand je lis dans la presse, les victimes souffriront toute leur vie des séquelles d'un viol, *c'est faux*, il faut rétablir la vérité, Dieu leur apporte la guérison. Je ne refuse pas de prier pour un (ou une) athée dans ces conditions.

Dieu ne veut pas la mort du pécheur, c'est uniquement toi qui choisis d'aller en Enfer, si tu ne mets pas en pratique ce que je viens d'écrire à la demande de Jésus.

Et j'ai eu plusieurs fois la grâce seule ou avec des prêtres exorcistes ou non exorcistes *de sauver des âmes au portes de l'Enfer*, des âmes de très grands pécheurs Clercs ou Laïcs.

Invitée dans une ancienne ferme qui fut transformée en belle maison d'habitation par les nouveaux propriétaires, dont mon hôtesse, et m'intéressant à l'histoire de cette bâtisse, un occupant défunt qui avait été assassiné dans la grange se fit connaître, mais sans apparaître. Malgré que la demeure fût déjà bénie par un prêtre, **l'âme dans le passage de la mort** venait de se manifester pour qu'elle soit libérée. Savait-elle que je priais pour la libération des âmes

---

[31] Livre « Si tu crois, tu verras la Gloire de Dieu » éditions Croix du Salut, 2017, page 196. Extrait du livre de Francis MacNutt, La délivrance pour aujourd'hui. Guide pratique. 2008. ©Editions Bénédictines.

errantes ? Je ressentais au niveau de mon ventre comme si j'étais enfermée dans un cerclage de fer et en effet, il était mort attaché dans ce cercle de fer dans lequel il avait été enserré. Et plus grave encore, le feu avait été mis à la grange et je toussais gênée par la fumée du feu, grâce à l'Esprit Saint qui mettait en lumière comment ce défunt était mort.

Ces âmes dans le passage de la mort savent remercier ceux qui les libèrent et promettent de prier pour la personne qu'elles habitent. Je suis sûre qu'elles le font.

Reportez-vous à mon deuxième livre « Si tu crois, tu verras la Gloire de Dieu, au chapitre «Libération d'âmes dans le passage de la mort ou âmes errantes ou morts « liés » [32] ou âmes des défunts.» [33] Vous avez aussi l'âme de Jacques de Molay, dernier grand maître des Chevaliers des Templiers qui est venue me visiter et qui est citée dans mon sixième livre.

Une belle histoire issue de mon livre « Si tu crois, tu verras la Gloire de Dieu » : le sorcier mort qui m'habitait fin 2013 et 2014, s'est manifesté au sanctuaire de Rocamadour lorsqu'on nous a raconté que la cloche sonnait seule, sans intervention humaine, lors de naufrages de marins en mer. L'âme de ce marin a réagi tout de suite. Cet homme de son vivant avait commis l'adultère et il n'avait qu'un but me faire tomber aussi dans l'adultère, ce fut un combat personnel que j'ai pu gagner avec l'aide du Seigneur. Et ainsi pour tous les péchés qu'il avait commis de son vivant. Cet homme avait assassiné une personne. **Dans ma prière**

---

[32] Mgr Tournyol du Clos (prélat exorciste). Le Combat avancé de l'Eglise. 2004. Editions l'Archistratège, les appelle d'un autre nom « âmes errantes ou morts « liés », page 94, livre très complet et utile que je vous encourage à vous procurer pour en découvrir davantage. Autorisation à publier qu'il m'a donnée le 16/02/2017 pour le livre « Si tu crois, tu verras la Gloire de Dieu ».

[33] D'après les Pères Meinrad Hebga, Dom Amorth, Padre Fortea, Dagnon, Fanou.

personnelle, il réagissait sur certains mots comme Dieu des «martyrs» ! En effet, il avait été condamné au bagne à Cayenne, portant des fers aux jambes et aux pieds. Je ressentais dans ma chair ces fers par le discernement direct des esprits. Il a fallu petit à petit le familiariser avec les Saintes Ecritures, l'amener à connaître Jésus, sa vie, sa Passion, sa Résurrection. Puisque je le portais en moi, il participait aux Sacrements que je recevais.

Au lieu de lui donner la vie puisqu'il était mort, j'allais lui donner la vie spirituelle, l'enfanter à la vie spirituelle en lui faisant découvrir la Foi, en un mot, l'évangéliser, même si cela était accompagné pour moi d'épreuves physiques et morales. L'âme dans le passage de la mort dans le corps humain vivant s'entend, elle fait un bruit comme si l'on avait faim. Elle se situe plutôt à gauche dans le corps, au niveau du ventre. En effet, j'ai remarqué que **les personnes atteintes de bipolarité et de schizophrénie** ont souvent en elles des âmes dans le passage de la mort. En effet, on entend des voix, mais ce ne sont pas les nôtres si l'on sait être attentif.

Un jour, rentrant dans une église où trône une belle statue de Jésus miséricordieux, je l'ai entendue distinctement dire *«salut, roi des Juifs»* ! Bien que surprise, j'étais persuadée que cela ne venait pas de moi. Et j'ai prié Jésus pour qu'il m'éclaire. C'est Lui qui m'a appris que j'étais habitée d'une âme dans le passage de la mort.

Physiquement : la personne vivante a mal à l'estomac, au nombril pour être précis et elle a une douleur au sternum, peut-être au dos aussi.

Puis, un jour au moment de la Toussaint de 2014, lors d'une écoute dans une chapelle d'un témoignage sur la Confession, cette âme dans le passage de la mort demanda le Baptême. Ensuite, elle me remercia de ce que j'avais fait pour elle. « **Tu es bonne** », me dit-elle. Je l'entendis à l'intérieur de moi. Le prêtre m'expliqua comment la « **baptiser** », mais c'est le prêtre qui lui pardonna tous ses péchés et la « baptisa ». Quant à moi, je lui pardonnais les souffrances que j'avais endurées lors de sa présence en mon être et la remettais à la Justice et à la Miséricorde de Dieu, sans me poser des questions théologales, comme je l'ai appris dans mon livre de cours « Un guide pour la délivrance » de Francis MacNutt.

Pour permettre à ces âmes dans le passage de la mort de monter vers Jésus, il est indispensable de les libérer de tous leurs esprits impurs liés aux péchés graves qu'ils ont commis de leur vivant ; quand c'est un sorcier, il faut couper le sacrifice de son âme faite à Satan.[34]

Je prie tous les jours à la Messe pour ces âmes du Purgatoire qui sont dans le bas des Demeures éternelles et je les plonge dans le Sang Précieux de Jésus-Christ pour les purifier. Et je m'y suis engagée parce que je l'ai promis à ces âmes que j'ai pu sauver, grâce à Jésus et à Notre Mère la Vierge Marie.

Même des prêtres qui n'ont pas vécu la chasteté de leur vivant et qui ne se sont pas confessés avant leur mort peuvent vite se retrouver aux portes de l'Enfer.

Avec un prêtre exorciste, Docteur en théologie, nous avons prié pendant plusieurs heures pour libérer les âmes de deux prêtres et d'un religieux qui avaient été préservés de l'Enfer grâce à leur amour de la Vierge Marie, mais qui n'étaient pas encore prêts à demander pardon pour toutes les fautes qu'ils avaient commises de leur vivant et qui me rejetaient parce que j'étais une femme ! Ce fut un beau combat que nous

---

[34] Page 62 du livre « Si tu crois, tu verras la Gloire de Dieu » aux Editions Croix du Salut.

avons gagné grâce à la Miséricorde de Dieu et à la Puissance du Sang du Christ que nous ne cessions d'invoquer.

Donc, j'ai la grâce de prier régulièrement pour des âmes de prêtres dans le passage de la mort. Je suis prévenue, soit par un membre de la famille quand le prêtre ne vivait pas dans l'obéissance à son engagement, soit directement par le Seigneur. Ces âmes ne sont pas toujours en mon être. Pourquoi cette grâce de prier pour un prêtre défunt ? Est-ce le fait que mon petit cousin paternel était prêtre ? Est-ce parce que j'ai été portée sur les fonts baptismaux par un séminariste qui remplaçait mon parrain absent et qui devint prêtre ? Je ne sais pas. Ou est-ce parce que j'ai une ascendance royale ?

Comme je sais que le prêtre est irremplaçable, parce que sans lui, nous ne pourrions recevoir les Sacrements et nous avons tous besoin de lui, à condition qu'il soit lui-même dans la vérité. Aussi, ai-je le devoir de libérer un prêtre qui ne sait pas quand il se suicide, il donne un droit légal à Satan, idem pour les laïcs. De notre vivant, libérons-nous de tous nos péchés d'orgueil, de tous nos mensonges, de tous nos péchés d'impureté, (l'euthanasie donne un droit à Satan), de tous nos péchés quels qu'ils soient. N'attendons pas la dernière heure qui peut nous surprendre sans avoir eu le temps de tout remettre au Père Eternel.

Toutes les âmes dans le passage de la mort pour lesquelles j'ai pu prier ont toutes révélé qu'elles ne s'étaient pas confessées avant de mourir. Mais une âme damnée, on ne peut plus RIEN faire pour elle !

Jésus a racheté ta vie à un très grand prix, puisqu'Il a versé Son Sang Précieux pour te sauver de la mort et du péché. Et toi, tu veux dédaigner ce cadeau inestimable et tu désires aller en Enfer parce que tu ne veux pas renoncer à ta vie de pécheur, à ta vie de péchés d'impureté, à ta vie de faire du mal à ton prochain, à ta vie de rejet de Dieu, à ton refus de pardonner… ! Permets-moi de te dire que tu es inconscient (e), mon frère ou ma sœur que tu sois clerc ou laïc.

Mon frère clerc, religieux ou laïc**, ma sœur** religieuse ou laïque, permets-moi de te dire que, malgré tes études, tes diplômes, tes grades, tu n'as rien compris à la Bonne Nouvelle que Jésus-Christ nous a apportée et nous apporte tous les jours. Il est vrai qu'avec les mauvais enseignements du Concile Vatican II, on peut croire qu'il n'y a plus d'enfer et qu'on ira tous au Paradis. S'i vous plaît, méditez ces paroles et lisez la Bible. Relisez vite les Evangiles, avant qu'il ne soit trop tard. Rejetez l'Enfer au plus vite, ce n'est pas votre place ! Vous valez mieux que cela !

Méditez la vie de Paul VI, avant qu'il ne devienne un anti-pape.

Une parole du Curé d'Ars :

"Dire qu'après leur mort, des hommes seront éternellement heureux ou éternellement malheureux !"

La suite, vous la découvrirez sur le site de Béatrice Malleron - Emery (nouveau nom d'autrice sans le H) :

https://lajoieretrouvee.wixsite.com/auteure

Saint Michel Archange - prière écrite par le Pape Léon XIII -

défendez-nous dans le combat. Soyez notre secours contre la malice et les embûches du démon. Que Dieu lui fasse sentir son empire, nous vous le demandons en suppliant. Et vous, Prince de la milice céleste, repoussez en enfer par la force divine, Satan et les autres esprits mauvais qui rôdent dans le monde **en vue de perdre les âmes**. Ainsi soit-il.

Apocalypse 21, 8 :

Mais pour les lâches, les incrédules, les abominables, les meurtriers, les impudiques, les magiciens, les idolâtres et tous les menteurs, leur part est dans l'étang ardent de feu et de soufre : c'est la seconde mort.

En effet, l'Enfer existe et il est cité dans la Bible, lire Mt 13, 50.

Chapitre 5

L'enfer existe et il n'est pas vide et j'ai appris à chasser les âmes damnées. Certaines, sur Ordre de Dieu, ont été obligées de me raconter leur vie mauvaise.

L'Enfer existe et il n'est pas vide, j'ai rencontré de célèbres âmes damnées dans des corps d'humains vivants qu'au Nom de Jésus, nous chassons et renvoyons en Enfer.

Une autre jeune fille après avoir vu un mauvais film était squattée par **une âme damnée** qui lui disait : « t'es bête », plusieurs fois par jour. Dès que j'ai prié la Vierge Marie, l'âme damnée s'est manifestée et j'ai pu la chasser et elle n'est pas revenue.

«Vous avez vu l'Enfer, où vont les âmes des pauvres pécheurs. *Pour les sauver, Dieu veut établir dans le monde la dévotion à mon Cœur Immaculé. Si l'on fait ce que je vais vous dire, beaucoup d'âmes seront sauvées et l'on aura la paix. […] »* : Citation de la Vierge Marie. « … Et le pape Benoit XII en 1336 déclare dans Benedictus Deus *«nous affirmons que, selon l'ordination commune de Dieu, tous ceux qui meurent en état de péché mortel descendent aussitôt en enfer après la mort»*.

Dans l'exercice des charismes de libération et de discernement direct des esprits, j'ai rencontré parfois des âmes damnées dans les prières de libération.

Une première âme damnée, je l'ai rencontrée fin janvier 2024, j'avais été prévenue de sa visite, je l'entendais seulement. Elle avait des graves choses à me confier. Maintenant, je vous révèle que c'est

l'évêque Brincard, *alors qu'un autre évêque l'avait considéré comme un saint !* Mon mari était en poste dans ce département.

Voici ses révélations :

1.**« j'ai dit du mal de toi au Puy en Velay »,** je m'en étais aperçue, mais je ne savais pas que c'était lui. Même des prêtres m'ont tourné le dos ! *Je pense qu'il faudrait réparer. Personne d'Eglise n'a daigné répondre à mon courrier !*

2.**« j'ai dit que tu étais coupable si ton mari partait »** (*quittait le domicile conjugal*), alors que mes parents lui avait confié le contraire ! Ne serait-ce pas un abus de pouvoir ? Un Evêque, cela ose tout.

3.**« j'allais te faire partir de la catéchèse parce que j'étais jaloux des grâces que tu avais »,** en effet, il m'a fait partir, (*je suis passée devant une sorte de tribunal ecclésial sans avoir eu le droit de me défendre, alors que j'avais une preuve écrite d'une religieuse*), sans avoir eu le droit de dire au revoir aux enfants que je catéchisais, alors qu'il y avait des CE1, on m'a confié plus tard «*vous étiez trop compétente*», (le charisme de guérison a été reconnu dans son diocèse) et d'autres grâces… Un Evêque jaloux d'une Laïque ! Ne savait-il pas que la jalousie, c'est comme la magie, cela fait les mêmes ravages ? Et maintenant, il est en Enfer. Je précise que *pour avoir des grâces divines, il faut faire la volonté de Dieu.*

4.**« contre la France, je l'ai maudite, je voulais qu'elle tombe, et je l'ai vendue pour rester au Puy »,** (il avait été nommé archevêque à Tours et il n'a pas voulu partir, je le savais de source sûre), il me semble qu'il faudrait la prière du grand exorcisme dite par un prêtre exorciste, au vu de ce qui se passe en France. La France, son pays ! Pays qu'il n'aimait pas, manifestement, de la part d'un Evêque ! Qu'apprennent-ils donc dans les Séminaires ? Ou alors, il suffit d'avoir *la carte du Parti comme* *pour Paul VI, comme Bugnini pour être évêque !* Quel désastre ! Je pense que ce monde d'hommes d'Eglise auraient bien besoin d'une équipe de Femmes Laïques pour mieux les former. *Afin de les empêcher de finir en Enfer !*

5.**« parce qu'il voulait que le Jubilé du Puy en Velay dure plus longtemps » ;** cela ne s'appelle-t-il pas de l'orgueil ? Avec l'esprit démoniaque d'orgueil.

6. *« il a mis la marque de la Bête sur la France pour qu'elle tombe » ;* cette marque est la marque de Satan. Quelle persistance dans le mal. En fonction de ce que je connais, pécher devient plus important pour eux. Mais ils oublient qu'il y a un Jugement particulier. Que répondront-ils à Jésus-Christ ?

Il avait commis aussi l'impureté, avec une vie désordonnée…

- **toutes les Ordinations de son diocèse sont invalides et tous les Sacrements aussi** – plus tout ce qui a trait à la messe diabolique de Paul VI déjà expliquée.

7. **« j'ai mis des esprits impurs sur ton mari »** pour qu'il tombe *parce qu'il a découvert que j'étais comme « mgr Bugnini, c'est-à-dire franc-maçon ».* Mon mari est tombé et il est bien tombé. *Cet Evêque a brisé une famille entière. Et personne dans son diocèse ne m'a demandé pardon !* Je m'étais aperçue qu'il y avait une difficulté avec cet évêque parce qu'il avait détourné une citation que la Vierge Marie avait dite à Bernadette : «**Je ne vous promets pas de vous rendre heureuse en ce monde, mais en l'autre**» et il nous avait assurés à Lourdes que «*la Vierge Marie avait dit le contraire*», ce qui, pour moi, Hospitalière Notre Dame de Lourdes était faux.

Ne priant pas comme un prêtre exorciste, il fallait que je sache la vérité, c'est pour cela que Notre Seigneur a permis que cette âme damnée m'apprenne ce *qu'elle avait fait et qui me concernait, mais aussi pour mon ex-mari et notre famille.*

Et un ou deux jours plus tard, j'ai eu une autre visite, je ne le voyais pas aussi, c'était *Satan qui voulait savoir ce que l'évêque Brincard m'avait dit*, je n'ai rien répondu et je me suis contentée de le chasser en enfer, bien protégée par la Vierge Marie et tous ceux qui prient au Ciel pour moi.

Or, j'ai décidé de contacter un prêtre, Docteur en Théologie, pour connaître son avis sur cette âme damnée venue me parler, « il me répondit en me citant l'histoire d'un « *manuscrit de l'enfer* » une âme damnée avait dû donner, par Ordre de Dieu, *un manuscrit qui racontait pourquoi elle était en enfer*, etc.. Il pense qu'en quelque sorte cette âme avait eu la permission de sortir de l'enfer, selon les ordres et les limites données par le Tout-Puissant. Il évoque aussi « *la vision du Pape Léon XIII* ». *Par conséquent il n'est pas étonnant*, m'écrit-il, *qu'une parmi d'autres ait eu droit d'avoir ce contact particulier avec vous*. Il précise aussi qu'une âme damnée l'est donc, définitivement.»

En effet, une âme damnée, on ne peut plus RIEN faire pour elle ! Au Nom de Jésus, j'ai tout brisé. Et dans la prière, j'ai demandé aux Saints du Ciel d'appuyer ma prière, puisque l'Eglise Catholique s'en lave les mains, comme Ponce Pilate. Cela n'intéresse pas ces Messieurs d'Eglise, puisqu'aucune autorité d'Eglise n'a eu envie de faire célébrer une prière d'exorcisme pour sauver la France. *Lui aussi était dans l'impureté.* Il n'avait jamais dû avoir des prières de libération. J'avais donné à cet évêque qui m'avait fait du mal, à sa mort une Indulgence plénière, sur conseil de mon Confesseur. Cela ne lui a pas profité, je la retrouve, cette âme, « *âme damnée gardienne de l'abus rituel* *satanique mystique* ! » donné par l'Esprit Saint depuis au moins 2021. Voyez, on arrive à tout savoir.

Qui aurait pu croire que cet Evêque était dans l'impureté, dans le mensonge, dans l'orgueil, dans une secte anti-chrétienne que les Papes d'avant Vatican II condamnaient ? Ordonné prêtre le 23 août 1975, ainsi, *il n'était ni prêtre, ni évêque*. Son sacrement d'Ordination est invalide. *Combien d'évêques sont-ils comme lui, en France et à l'étranger ?* Sans avoir eu de prières de libération pour les libérer ? Un tel évêque peut faire perdre la Foi à ses brebis !

Et les Papes, sont-ils tous comme celui que je vous présente maintenant ?

Chapitre 6

« PAUL VI Le Pape qui changea l'Église35»

« Les Pères de l'Église ont une grande confiance dans l'argument qu'ils tirent du pouvoir qu'ont les FIDÈLES de délivrer les possédés par le seul nom de Jésus-Christ. D'autre part, de nombreux païens se sont convertis à la vue de ces prodiges. Sur ce point, on peut se reporter à saint Cyprien (P.L. 6, 555), à saint Athanase (P.G. 25, 181), à Munucius Félix (P.L. 3, 323-327), à saint Jérôme (P.L. 23, 348C), à saint Ambroise (P.L. 16, 1024A).[36]»

Une deuxième âme damnée sur l'Ordre de Dieu est venue me raconter sa vie, **celle de l'anti-pape Paul VI.**

Dans un fichier publié sur mon site et à Gloria-tv et envoyé au Vatican, **et sur Ordre de Dieu,** *j'en avais publié une partie.*

Notre Seigneur Jésus me demande cette fois-ci de tout publier.

1. Première visite de Paul VI, âme damnée, je précise que cette âme damnée était en moi, je l'entendais, mais je ne l'ai pas vue :

1a) «*Je demande pardon au Seigneur pour tout le mal que j'ai fait*»,

motion charismatique = j'ai mal à la tête côté droit.

---

[35] Titre emprunté au Journal Chiesa Viva n° 441 de l'année 2011, tenu par Don Luigi Villa. e-mail: omieditricecivilta@libero.it et pour mettre en valeur Don Luigi Villa.

[36] La doctrine de l'Exorcisme, sa confusion dans l'Eglise, page 3, (P.G. 6, 453B), le 29 avril 1999, Publication et photocopies autorisées. Un théologien. Livre « Retire-toi, Satan. Edition Leparex. »

2. «*Je suis le Pape Paul VI, j'étais homosexuel, franc-maçon et j'ai fait beaucoup trop de mal, j'ai tué des gens par sorcellerie, le Concile Vatican II était faux*».

Motion charismatique = j'ai mal dans le ventre.

3. «*J'ai roulé toute l'Eglise Catholique, j'ai trahi Jésus par le serment que j'ai prononcé*».

4. *« Le Pape actuel (en 2024) est mauvais, très mauvais.»*

*Motion charismatique = je ressens **la marque de la Bête** qu'il doit avoir sur lui (le pape actuel).*

 4a) «*Il n'a pas été élu normalement (le Pape actuel en 2024)*».

 5. «*Moi, non plus, c'est Siri qui aurait dû l'être. Je suis en haut de l'enfer, je demande pardon au Seigneur et à tous les Chrétiens que j'ai abusés.*»

Ma question : « Tu faisais de l'a.r.s. ou abus rituel satanique mystique ? »

6. «*Oui, c'est pour cela que je viens te voir.*»

6a) *« Pour libérer les personnes de l'a.r.s., il faut libérer ce qu'il y a dans le vagin et dans la verge »*

Ma question : « Quoi ? »

6b) «*C'est dur à dire* » «*C'est l'anneau du Concile Vatican II, c'est moi qui l'ait fait mettre à tous les Chrétiens, nés à ce moment-là et à leurs descendants. J'ai fait d'autre chose.*»

 7. «*Non, je ne pourrai pas aller dans le bas du Purgatoire, c'est trop grave, ce que j'ai fait.*»

8. *«Si l'Eglise va mal, c'est à cause de <u>moi</u> et des autres Papes qui ont pu faire de graves choses.»*

9. *«J'ai maudit tous les Chrétiens sur la terre, afin qu'ils ne soient pas sauvés.»*

Motion charismatique = quelque chose mise dans le cou, le 12 septembre 2024.

10. *«Le Seigneur m'oblige à te le dire. Tu es très aimée des Ames du Purgatoire, parce que tu en sauves beaucoup par ta prière et tes souffrances.»*

11. *«Il y a beaucoup de choses que tu as déjà découvertes, comme le mystère Damballah»*, (cité à la page 242 de mon sixième livre).

12. *«Tout ce qu'a dit Don Luigi Villa est juste».* *«Tu as pris la place de Grégoire XVII ? »*

-motion charismatique = réaction dans l'oreille droite.

12a) *«Je le haïssais».*

Ma question : « Es-tu né méchant ? Qu'est ce qui t'a fait changer ? Ta mère était-elle franc-maçonne ? »

Motion charismatique = j'ai très mal dans le ventre, (je suppose qu'il s'est passé quelque chose dans son ventre, mais je n'ai pas prié pour le confirmer.

13. *«Ma canonisation est fausse, je ne suis pas saint.»*

13a) *«C'est un anti-Christ, le Pape François»* (je l'avais découvert dans les prières de libération).

14. *«Le Concile Vatican II est consacré à (l'esprit) de Hiram Abiff»,*

-motion charismatique sur « consacré » = réaction dans le ventre.

J'ai cité la double messe noire,

15. L'âme m'a répondu «*tu sais çà aussi*».

J'avais découvert **les esprits gardiens en 2023** qui maintenaient la double messe noire, lire le journal Chiesa Viva de Don Luigi Villa.

16. «*Hiram Abiff, c'est le symbole de la F-M, son totem*». L'âme l'a redit **une deuxième fois**.

16a) «*Le Concile Vatican II est consacré à Hiram Abiff, le Christ de la F-M*».

Motion charismatique = réaction sur le haut de la cuisse droite, un serpent ou autre.

17. «*Tout ce que j'ai fait est faux*»,

17a) «*la Messe de la Tradition est immuable. On a toujours le droit de la célébrer.*»

18. « As-tu vendu les âmes à l'esprit démoniaque lié à la religion abrahamique ? »

Ma question : **«** Est-ce qu'un autre anti-pape l'a fait ? »

19. « *Oui, le dernier actuel.* »

Cela aussi, je l'avais découvert dans la prière de libération et déjà cité dans mon quatrième livre avec les Apparitions privées de la Silhouette de la Vierge Marie.

20 «*J'ai violé des enfants, dans le cadre de l'abus rituel satanique mystique.*»

Ma question : « C'est toi qui a lancé la mode ? »

20a) « *Non !* »

J'ai cité le secret de Fatima «Rome perdra la Foi et sera le siège de l'Antéchrist».

21. *«L'Antéchrist, c'est moi. Toutes mes décisions sont fausses, mes ordinations aussi, le Vatican II est faux»,*

*je suppose que l'âme a voulu dire « **le Concile Vatican II** ».*

22. Je dis «maintenant, il faut qu'un Vrai Pape vienne».

23. L'âme répond : «***Fais attention. Il est très mauvais***» (je m'en suis aperçue après les attaques très violentes dûes aux deux lettres ouvertes).

Ma Question : « Violer les enfants dans l'invisible, c'est une mode dans l'Eglise Catholique ? »

24. *«**Plus de 90 autorités d'Eglise qui violent dans l'invisible en France**»*

Chiffre que je confirme (90) et que j'avais reçu en 2021 devant deux personnes chez moi.

25. *«**Je te demande pardon à toi aussi, puisque tu as été touchée et tes descendants**».*

*«**Tu as un grand rôle à jouer.**»*

Ma Question : Comment tu le sais ?

26. *«**Tu as une couronne sur la tête, parce que tu descends des Rois de France.**»*

J'ai posé cette question : *le Pape Jean-Paul II, (faussement élu jusqu'en 1989) usurpateur jusqu'en 1989, il avait « la Bête » sur lui, je l'avais découvert dans les prières de libération,*

27. L'âme m'a répondu «***il l'avait sciemment***»,

Cela change tout.

28. De l'âme damnée : «*Benoît XVI[37], chef des Illuminés*» ;

En 2021, dans les prières de libération, j'avais appris que la bénédiction du Pape Benoît XVI mettait en action un esprit d'engrenage d'impureté pour repérer toutes les victimes afin de les abuser dans l'invisible par l'abus rituel satanique mystique et le faux-pape actuel qui nous a consacrés à l'esprit de Pachamama qui est un démon, pour maintenir l'abus rituel satanique mystique, avec la complicité de Clercs, d'Evêques… qui violent dans l'invisible avec différents rituels et différents maléfices.

En effet, Jean-Paul II aimait bien les petites filles…,il avait la marque de la Bête sur lui. Et les erreurs de la rencontre à Assise…

29. «*Je te remercie de tout ce que tu fais pour l'Eglise pour la sauver. Je regrette beaucoup ce que j'ai fait*»

2. La deuxième visite de Paul VI :

Motion charismatique = sur Jésus, trois fois mal dans le ventre.

Cette fois-ci, ***j'ai senti cette âme damnée rentrer en moi***, par le moyen de l'envoûtement d'une âme damnée dans mon corps.

L'âme damnée de Paul VI a commencé à me dire :

30. «*Pardon, Pardon, Pardon.*»

31. « *Il faut faire un livre* » –

*Et j'ai reçu aussi **l'Ordre de Dieu d'écrire un nouveau livre (le neuvième).***

---

32. *« Antichrist, le pape actuel, Mr François Bergoglio »*

(regarder mon site, j'ai découvert que c'est un Faux-pape.)

33. *«TOUS LES PAPES ONT FAIT DE L'A.R.S. = ABUS RITUEL SATANIQUE MYSTIQUE depuis PAUL VI . »*

33a) Je le confirme pour Benoît XVI et pour François Ier.

Je n'ai pas encore travaillé pour Jean-Paul II,

33b) *mais il aimait les petites filles et il avait la marque de la Bête sur lui…*

34. **«***Tu brilles***», «***continue de faire la volonté de Dieu***»**

On a évoqué un Cardinal français et un Evêque français,

Ma question : « *vous les violez dans l'ombre ou dans l'âme pour les consacrer à l'esprit démoniaque lié à la religion abrahamique ? »*

35. **« C'est ça ».**

35a) Mais ce n'était pas clair, je ne sais pas si ce Cardinal et cet Evêque étaient violés ou s'ils violaient. **J'ai dû lui ordonner de me dire la vérité.**

36. *« Donc, il faisait de la fragmentation pour ouvrir les vagins des filles, les verges pour les garçons, pareil pour les adultes.»*

37. *Il a évoqué un symbole de la Mésopotamie, 3000 ans avant Jésus-Christ, un animal parfois dans le corps, soit une salamandre, soit un dragon vouivre, animaux à citer dans la renonciation à la F.-M.*

[**Un aparté :** deux prêtres exorcistes s'étaient moqués de moi parce que je citais dans les prières de libération un animal (un dragon vouivre datant de 3000 ans avant Jésus-Christ que j'avais découvert par le charisme du discernement direct des esprits) et **l'anti-pape Paul VI** le cite ! Peut-être que l'un ou les deux exorcistes avaient peur que je découvre leur machiavélisme.]

Ma question : « est-ce que vous vendez toutes les victimes à l'Ennemi ?

38. Réponse : « _Oui, même maintenant_ »

Pour être Pape, il fallait faire cela. Je rajoute et je m'adresse au Père Eternel, moi, je peux prier chaque jour pour être délivrée d'une vente à l'Ennemi, mais pour tous les autres, comment dois-je faire, ignorant s'ils ont des liens générationnels ?

Motion charismatique = index droit sur le côté gauche, pique trois fois, je sais que c'est **un rite initiatique. Dit rite initiatique, dit consécration à l'Ennemi !** Déjà découvert pour le rite de Bugnini !

Ma question : « on n'est pas obligé de faire du mal ? Tu as des circonstances atténuantes ? »

Tu aurais dû aller chercher quelqu'un pour te libérer,

39. L'âme damnée de Paul VI m'a répondu : « _des comme toi, il n'y en a pas beaucoup._ »

_40._ Démissionner ? « _je ne le pouvais pas_ »

41. Une phrase, une malédiction,

motion charismatique = annulaire droit

C'est toujours la même, **une phrase que les Papes connaissent.** Le Seigneur va me la dire.

On a évoqué :

42. « **Parolin** » Cardinal « **mauvais et F.-M.** » (je confirme). **_Ordination sacerdotale en 1980, donc elle est invalide._**

3. Il y aura une troisième suite, une prochaine fois.

L'âme damnée au-dessus de l'Enfer n'est pas venue dans mon corps pour me faire du mal.

On a évoqué les esprits incubes et succubes, que les francs-maçons ont parfois en eux.

43. Le 7 juillet 2024 : *«Merci beaucoup pour ce que tu fais.»*

Ma question : « Combien d'enfants as-tu violés ? »

44. Réponse de **l'âme damnée de Paul VI : « <u>3 par jour</u>** ! » « *Pendant tout mon pontificat* ».

« **soit pendant 15 ans x 365 jours x 3 = <u>16 425 enfants</u>** ! »

Ma question : **« Qui t'a initié ? »**

45. « Un cardinal ? »

motion charismatique = mal au ventre,

 « ***Bugnini*** ! » « ***J'en savais plus que lui*** »

46. *« Pour avoir des pouvoirs, des Cardinaux peuvent faire cela, pour être un nouveau Pape »*, *j'ai cité un Cardinal français. Motion charismatique = mal à l'omoplate droite.*

47. *« Oui, ils peuvent faire de la scarification pour rentrer dans un corps et mettre des maléfices dedans ou autres choses »*.

Par l'esprit de scarification (donné par l'Esprit Saint), on peut être possédé, je l'ai constaté en 2015 dans un service d'exorcisme avec un prêtre exorciste, Docteur en Théologie.

48. J'ai cité «***maléfices particuliers*** » pour rentrer dans un corps»,

 motion charismatique = omoplate droite

J'ai cité «*mixtures maléficiées*», (qui sert à ouvrir un corps et bloquer la fermeture du corps), *motion charismatique = mal au ventre,*

49. Sur ce sujet, l'âme n'a pas tout dit. *A revoir avec elle.*

50. *«Un objet maintient l'abus rituel satanique mystique»,*

motion charismatique = mal à la tête, « peut-être un implant papillon Monarch. »

Peut-être aussi dans le rectum.

[A ce propos, un jour en novembre 2017, j'avais prié en présence de deux prêtres et pour eux. Et ressentant quelque chose dans mon rectum, je fus dans l'obligation de leur confier parce que je ne pouvais plus prier.

Et le prêtre que je connaissais le moins, a articulé tranquillement « *esprit de sodomie* », je fus époustouflée, ce prêtre devait faire « *joujou* » avec cela. Je n'ai pas fait de commentaires, mais j'étais sidérée.

Ce prêtre était censé servir Jésus-Christ, il était censé célébrer la messe et *il faisait joujou avec un esprit démoniaque.* **Ou alors, il savait que la messe conciliaire était invalide.**

En effet, il y a bien des problèmes dans l'Eglise Catholique. Je comprends mieux maintenant comment ils ont leur avancement. ***Corruption, corruption !***

D'ailleurs, il est devenu Curé. S'il fait cela sur ses Paroissiens, quelle honte. Ce qui m'amène à dire *«ce prêtre n'a jamais eu de prières de libération».*

Il devait savoir que **l'hostie était vide**, mais ses Paroissiens ne le savaient pas.]

Donc, *avec Paul VI*, j'avais quelque chose dans le rectum discerné par le charisme du discernement direct des esprits.

51. L'âme damnée m'a confié *«Brincard est gardien parce qu'il était dans l'impureté»*.

Les Evêques de France sont-ils tous comme lui ? Peut-être, puisqu'ils sont **plus de 90 Evêques à violer ! Hallucinant !**

Autre confidence « Tous ceux que tu as ordonnés ? »

52. *«ils sont invalides»*

Motion charismatique = talon gauche

Je lui cite *«sceaux de vente à vie des âmes à l'esprit démoniaque lié à la religion abrahamique»*.

53. *«En effet»*

Ma Question : « Pourquoi ? »

53a) *«Je voulais être maître du monde, des hommes et des femmes, cela lui donnait des pouvoirs»*

Ma Question : *« **Donnais-tu une mauvaise hostie aux gens** ? »*

54. « Souvent *? »*

54a) *«Tout le temps.»*

54b) *«J'étais en lien avec un sorcier italien.»*

Cela prouve qu'ils ont besoin d'eux.

Ma question : *« Faisais-tu du trafic avec le Programme Ultra Monarch[38] ? »*

---

[38] N'ayant pas d'autorisation à publier par Mr Lebreton, je vous renvoie à son livre. Mais pour mon 4ème livre, il m'avait donné une autorisation.

55. «*Oui*».

Des Evêques, des Archevêques, des Cardinaux, des Papes, des Curés qui utilisent le Programme Ultra Monarch !

C'est dramatique ! C'est incroyable ! C'est inimaginable !

Des Messieurs d'Eglise, oser faire cela !

Ils n'ont donc rien à faire dans leurs diocèses, dans leurs paroisses. Ce sont des «*bandits du* **sexe**». Ce sont bien des « *bouchers*[39] » !

Je demande à **Notre Dieu si Bon** *d'arrêter ce massacre des* **« Innocents ».** *Nous ne sommes pas des «poupées gonflables».*

Vierge Marie, Chère Mère, venez nous sauver de tous ces Pervers de l'Eglise Catholique.

Je rappelle que, par l'impureté, à sa mort, on descend aussitôt en Enfer.

Suite de la référence 38 :

1 Francis MacNutt. La délivrance pour aujourd'hui. Guide pratique. 2008. © Editions Bénédictines. Pages 260 à 266. Autorisation à publier donnée par les Editions Bénédictines le 23/01/2017. Il évoque les abus rituels et les alters ou personnalités multiples. Une prière sur ce sujet a été créée et elle fut vérifiée.

2 Je vous recommande la lecture du livre d'Alexandre Lebreton : MK : Abus Rituels et Contrôle Mental, outils de domination de la religion sans nom. (700 pages) http://mk-polis2.eklablog.com/a-la-recherche-du-soldat-jedi-paranormal-et-occultisme-dans-les-servic-a144590018

http://reveildeslosers.canalblog.com/archives/2015/06/20/32243913.html

« Pédocriminalité et Abus Rituels : tentative de rationalisation »

[39] « Pour éviter de dire des noms ou des fonctions, je vais écrire le mot que Padre Pio avait reçu de Jésus lorsque des Clercs Lui faisaient du mal en s'en prenant à l'Eucharistie « un boucher » ! Mais du temps de Padre Pio dans l'Hostie, il y avait Jésus !

Ma question ? « **Qui t'a formé à cela ?** » « **Au Programme MK Ultra Monarch ?** »

56. «mes parents en faisaient»,

motion charismatique = *réaction cou derrière.*

Ma question : « **Est-ce que tu es né, suite à un programme MK Ultra Monarch ?** »

57. «Oui»,

 Je comprends maintenant pourquoi Notre Seigneur l'a obligé à venir me parler.

*Ma question : « **Ta mère te violait ?** »*

58. «Oui».

Motion charismatique = mal au ventre.

Ma question : « Elle t'avait vendu à l'Ennemi ? »

59. «Oui ».

En effet, il n'était pas libéré avant d'être Pape.

60. «On m'avait appris à haïr Jésus».

Motion charismatique = *réaction sur le tibia gauche,*

Ce que cette âme damnée me confie, est juste, je le confirme par le discernement direct des esprits.

Je relève **qu'il était sous emprise démoniaque et qu'il a deux circonstances atténuantes.** C'est pour cela qu'il a fait tant de mal.

C'est impressionnant ce que j'ai reçu.

Merci Seigneur pour toutes tes bontés.

Exceptionnel ! Je travaille dans la prière de libération «le programme MK-Ultra Monarch» depuis plusieurs mois et j'ai en moi <u>une âme damnée</u> qui l'a vécu personnellement et qui l'a pratiqué et qui vient me le confier **sur Ordre de Dieu et qui l'a fait subir à un nombre impressionnant de victimes de l'Eglise Catholique mondiale.**

J'aimerai savoir s'il y a des Survivants ou des Survivantes ?

Dans mon huitième livre offert à tous mes lecteurs et visible sur mon site, vous lirez que j'ai découvert *«un Monsieur d'Eglise qui viole aussi»*, mais il se cache afin qu'on ne le découvre pas et qui me calomnie partout où il le désire et qu'on croit, mais, voyons, c'est un Monsieur d'Eglise ! Il ne peut pas mentir. On ne va pas croire la petite laïque qui affirme le contraire. Mais la petite laïque est une bien-aimée du Seigneur pour lui confier une telle mission.

Et le Vrai Esprit d'Amour me l'a révélé en écrivant mes lignes dans ce huitième livre. **Voici encore une autre preuve**.

Merci Vrai Saint Esprit, *«si j'étais mauvaise, comme on le prétend, je n'aurai jamais eu la grâce divine d'interroger une âme damnée, qui plus est, le Pape Paul VI.»* Je n'avais encore jamais rencontré un violeur, ni un abuseur qui pratiquait le Programme MK-Ultra Monarch. **Que de Victimes** !

Merci beaucoup Seigneur Dieu Un et Trine et aussi à la Vierge Marie et à Joseph Patriarche pour toutes vos bontés.

Eux aussi, ils combattent ces abus rituels sataniques mystiques, comme cela m'a été révélé lors des Apparitions de la Vierge Marie en 2019.

J'ai reçu de Notre Seigneur Jésus le 9 septembre 2024 :

« Me mettre en dehors de l'Eglise, c'était pire que ce que j'ai vécu sur la Croix. »

Que de souffrances avec les esprits humains vivants, le viol mystique, l'abus rituel satanique physique et/ou mystique, peu connus, sauf par les pervers !

Chapitre 7

Le secret diabolique de la messe de Paul VI40- Les esprits humains vivants – Le viol mystique – L'abus rituel satanique physique et – ou - mystique -

1. Un Témoignage : le 22 janvier 2014, à la demande d'un prêtre de son diocèse, j'informais un évêque de ce que j'avais intitulé « *cri d'alarme* ». Mais cette lettre est restée sans réponse. Suite aux découvertes données par le Seigneur pour la libération d'une personne convertie, je me suis aperçue que de nombreuses personnes en France sont habitées en particulier par **des esprits humains vivants**, certaines depuis de très nombreuses années dans l'indifférence du clergé qui n'a pas connaissance de la gravité de ces situations de souffrance et de désespérance.

L'esprit humain n'étant pas un démon, une prière d'exorcisme ne sert à rien, sinon à faire souffrir encore plus la personne. J'ai eu la grâce d'apporter et d'offrir un document de travail à un service d'exorcisme qui m'avait invitée à venir prier avec eux pendant trois mois.

2. Cette habitation ou ce squat abusif est en fait un viol mystique qu'il convient de traiter comme tel et de chasser cet esprit et les autres esprits qui rentrent avec cet esprit de viol !

Et que l'Esprit Saint m'a fait découvrir dans l'exercice des charismes. En effet, de nombreuses personnes sont habitées par *l'esprit humain de Clercs impurs* qui sont guidés par des esprits mauvais dont **l'esprit guide**

---

40 Titre du Chapitre tiré du Titre du Journal Chiesa Viva n°528 de Juillet-Août 2019 écrit par le Dr Franco Adessa.

(démoniaque). Le but de ***«ces habitations»*** est de faire perdre la foi à la personne, à la manipuler, la contrôler, vampiriser son énergie, la détruire, la faire devenir comme un zombie.

3. Avec des maladies occultes à la clé, comme les morgellons, *«lisez le sujet à Internet ; par la prière de libération et de guérison, Jésus guérit cette maladie occulte des morgellons»*.

Les médecins ne pourront jamais guérir cette maladie, puisqu'elle est complètement diabolique. Parfois, cela tombe du ciel, un Jeune avait tondu l'herbe de son jardin et sans le faire exprès, étant torse nu, de l'herbe tondue infestée toucha son torse et il développa cette maladie de morgellons et j'ai dû prier une prière de libération, et ensuite, une autre de guérison.

4. Une autre dame dans l'Ouest de la France, vu lors d'un déplacement, me confia *«comme si j'étais tombée dans un bain de piranhas»*. Son médecin la soignait, mais il n'arrivait pas à la soulager. Ils revêtent plusieurs formes comme *« des insectes vivants qui rampent sous la peau et vous dévorent, »* la sensation est détestable. Les médecins n'arriveront jamais à guérir cette maladie, puisqu'elle est complètement diabolique, la Vierge Marie l'avait annoncée à Amsterdam, et elle les nomma comme ***«des inventions diaboliques»***. Et je suis complètement d'accord avec Elle pour avoir prié pour la libération de ces personnes.

L'usage des Sacramentaux et le Sacrement des Malades sont indispensables, ainsi que la prière de libération. Mais le Saint Siège vient de décider que cette Apparition n'était pas reconnue, alors que l'Evêque auxiliaire des Pays-Bas m'avait affirmé le contraire. Malgré tout, Notre Seigneur a fait un miracle dont je fus témoin en présence du prêtre exorciste et de son assistante.

5. Dans un service d'exorcisme, il m'avait été demandé d'assister le prêtre exorciste. Et je suspectais chez la personne la présence de morgellons, mais le prêtre restait dubitatif. Nous allions commencer la prière de libération lorsque la victime machinalement passa son doigt sur le dessus d'une de ses mains. Elle appuya sur une veine et sortiront de sa veine *cinq ou six choses noires, telles des petites particules* que l'assistante recueillit dans une bassine dont le fond était tapissé d'une feuille d'essuie-tout blanche. Intriguée, elle me demanda ce que c'était.

Avec certitude, j'ai pu lui affirmer que c'étaient **des *morgellons*** que je n'avais vus jusque-là qu'en photo. Jésus, Notre Seigneur, venait d'en faire sortir quelques-unes, «*ces minuscules choses noires*».

De très nombreuses personnes sont touchées dans le monde, la peste du «*21ème siècle*». Il n'y a que **Dieu qui peut la guérir !**

6. Pour faire du mal, on peut ou des sorciers peuvent aussi mettre des animaux dans un corps humain vivant, je vous recommande de lire mon huitième livre gratuit **«** *Les Conséquences de la Messe Conciliaire maintiennent l'abus rituel satanique mystique*, titre qui m'avait été donné par l'Esprit de Vérité **»**, aux pages 6 et 7 sur ce sujet. Ainsi que le secret de Mélanie en lien avec Notre Dame de la Salette aux pages 10 à 16, ainsi que les pages 38 à 41.

7. La Messe diabolique de Paul VI, vous le savez maintenant, elle est fausse…«Personne n'avait pensé, même de loin, **à l'aspect satanique et ésotérique du nouveau rite**[41] !» Ce qui nous intéresse, c'est de découvrir la provenance de cette satanique volonté de profaner

---

[41] Surligné par l'autrice, lire la référence 42.

la Messe catholique[42] et de vérifier si une telle volonté diabolique a été officiellement et peut-être même publiquement exaltée et glorifiée, à l'insu d'un publique ignare. Si on pouvait le démontrer, alors…[43]» «L'Antéchrist essayera d'abolir et abolira vraiment le Saint Sacrifice de l'autel, en punition pour les péchés des hommes». (S. Alfonso Maria de 'Liguori[44].»

8. Le 29 juin 1963, huit jours après l'élection de Paul VI, une double messe noire fut célébrée à Rome et à Charleston (Caroline du Sud – États-Unis) au cours de laquelle Satan fut intronisé dans la Chapelle Paulinienne, l'endroit où le Pape assume le rôle de "Gardien de l'Eucharistie". Ce 29 juin 1963, fut le début du Septième Sceau de l'Apocalypse de Saint Jean, à savoir le début du Règne de l'Antéchrist.

Ce jour-là, les paroles de la Vierge de la Salette devinrent réalité: «Rome perdra la Foi et deviendra le siège de l'Antéchrist», ainsi que celles de Notre Dame de Fatima: «En effet, Satan réussira à s'introduire jusqu'au sommet de l'Église[45]». […]

9. Qui a intérêt à me discréditer afin que l'on ne me croit pas,[46] s'il me prenait l'idée de dévoiler **les abus sexuels** que certains prêtres, certains évêques, certains cardinaux, certains papes, certains civils font subir à de nombreuses victimes que j'ai découverts grâce à l'Esprit de

---

[42] Autorisation gracieuse donnée par Dr Franco Adessa le 15 03 2022 de publier et la liberté d'utiliser n'importe lequel de leurs documents pour le diffuser comme bon me semble. Page 7. http://www.chiesaviva.com/528%20mensile%20fra.pdf

[43] LA MESSE DE PAUL VI, COUVERTE D'INFAMIE ET D'ABOMINATION DEVRAIT ÊTRE REPUDIÉE ET ENSEVELIE POUR TOUJOURS. Ibid. Page 7.

[44] Ibid. Page 7

[45] Ibid. page 17.

[46] Page 50 de mon huitième livre.

Vérité depuis plusieurs années. Quel scandale, cela ferait-il dans l'Eglise Catholique ?

Combien faudra-t-il de victimes pour que l'Eglise Catholique et la Société Civile se réveillent enfin ? Combien ? Comme l'Eglise et la Société Civile ne font rien pour ces victimes particulières, elles peuvent rester toute leur vie à l'hôpital psychiatrique et ce ne sont pas les médecins et – ou les psychiatres qui feront partir leurs esprits impurs (démoniaques). Et ces victimes seront toujours la proie de prédateurs sexuels.

10. Maintenant, je vais citer quelques témoignages d'exercice des charismes pour démontrer que j'ai prié pour de nombreuses personnes, mon Ange Gardien m'a confié que j'avais prié pour 10 000 personnes, tant en France, qu'à l'étranger, de visu, par téléphone ou seule chez moi et parfois avec un traducteur.

Je ne démarche pas les personnes, ce sont elles qui me contactent ou des personnes amies qui me mettent en relation, et si elles oublient, je ne les rappelle pas. Ou si c'est l'heure de leur mort, le Seigneur va empêcher la personne de me rappeler, c'est arrivé une fois et j'avais su dans la partie de la Consécration de la Messe, que c'était l'heure de sa mort et j'avais été dans l'impossibilité de prier pour elle.

Et je suis passée derrière des prêtres exorcistes faisant mal leur travail. Ou des prêtres dans la délivrance ou des Confesseurs qui m'ont envoyé des personnes souffrantes ou d'autres pour discerner leurs problématiques. Des prêtres, des Evêques, et deux Cardinaux ont eu besoin de mes services. Les deux derniers seraient morts, si je n'avais pas prié pour eux.

11*.* **Un extrait de témoignage d'un homme marié**, père de quatre enfants, Docteur d'Etat en Droit et autres fonctions professionnelles *pour servir à la reconnaissance de l'efficacité de ma prière et envoyé à un Evêque...*[47]

12*.* **Un autre témoignage d'une souffrante** :

« Je me rends compte qu'avec vous, votre maturité, je peux "cracher ma douleur" : honteuse de ce parcours si douloureux. La première fois, j'ai pleuré à cause de ma famille, là avec vous, je peux pleurer de mon parcours de femme. Car vous êtes une femme et vous aussi avez souffert et c'est à vous que je peux déposer ce tas d'horreur qui sort de moi pour être délivrée. Un prêtre ne pourra jamais comprendre combien c'est douloureux et humiliant, non seulement de parler de « *ses péchés* », mais quand c'est intimement lié à la souffrance d'un couple, de l'homme que l'on a aimé et qui vous a ravagé.

Avec un prêtre, on ne peut pas parler comme cela. Il faut vite crier qu'on a péché, vite se confesser, mais cela ne suffit pas. Il faut une « **écoute** » d'une adulte, d'une femme, d'une croyante qui peut regarder des parcours avec une vision spirituelle qui est le secret de Dieu ».

13. D'une accueillie :

Le 10 décembre 2012, je reçus l'Onction puissante de l'Esprit Saint grâce à l'intervention de Béatrice et d'un prêtre dévoué, humble et bon qui accompagne fidèlement Béatrice dans sa mission reçue du Seigneur. Une

---

[47] Le formateur Francis MacNutt est le seul à parler des abus rituels sataniques et des personnalités multiples dans son livre « La délivrance pour aujourd'hui. Guide Pratique » Pages 251 à 266. ©Editions Bénédictines. En lien aussi avec la référence 48.

sphère d'amour, de joie intense et de béatitude m'enveloppait qui me délivra de mes maux physiques et de tous mes liens... *«Je reçus une immense grâce du Ciel, ce fut le plus beau jour de ma vie !»*

Béatrice, accompagnée d'un prêtre, travaille dans l'obéissance totale à l'Eglise et à son père spirituel.

Don de discernement, don de libération et don de guérison sont ses charismes de prédilection. Elle possède les qualités humaines de compassion, d'empathie, d'humilité, de discrétion et de droiture pour mener à bien sa tâche.

14. En Juin 2015, j'écoutais la première personne touchée par l'abus rituel satanique mystique et je l'ai renvoyée vers un prêtre exorciste qui n'a pas su l'aider et je continuerai avec elle avec l'aide du livre du Formateur qui expliquait les abus rituels sataniques[48]... Il est vrai que c'est bien compliqué, je fus utile à plusieurs qui ont vécu l'abus rituel satanique physique, mais le plus pervers, c'est l'abus rituel satanique mystique fait dans le double ou l'âme. *Ni vu, ni connu, ni puni.* Là-Haut, Auteurs de l'abus rituel, serez-vous prêts à en payer le prix ?

15. Dimanche 7 décembre 2015, remerciements d'une accueillie pendant plusieurs années :

Ma Chère Béatrice, cela fait un moment que je voulais t'écrire une petite carte, mais j'étais trop mal pour aligner deux mots. Je te remercie beaucoup pour tout le temps que tu passes pour **m'aider à sortir de ce calvaire.** C'est sûre que toute seule, je n'y serai pas arrivée !

En plus, je suis un cas qui prend beaucoup de temps. Merci pour ta grande patience, ton écoute, ta générosité et ton ouverture d'esprit qui

---

[48] Voir référence 47.

m'ont aidée à me sentir moins seule et un peu plus comprise, et surtout tu as su mettre des mots à toutes ces choses bizarres. Tu m'as sauvé la vie (**ou Dieu par ton intermédiaire**).

Ton travail est impressionnant ! Je suis très contente de te connaître, tu m'as beaucoup appris. J'espère que le Seigneur te donnera vite tous les changements dont tu as besoin pour que ta mission soit plus facile.

Je t'embrasse bien affectueusement. N[49].

16. Témoignage d'une infirmière : *Le Saint Esprit est venu m'éclairer en la personne de Béatrice* rencontrée providentiellement lors d'une retraite...elle se forma et étudia ces différentes sorcelleries parce que sortir en esprit de son cerveau est de la pure sorcellerie. [...] Je vivais **le viol mystique,** je vivais **l'abus rituel satanique.**

«Pour moi qui suis infirmière, ce fut une grande découverte. Je ne doute plus de l'action journalière et malfaisante des démons dans nos vies et de l'importance vitale des prières de libération, de délivrance et de coupures des liens.»

17. Apparitions privées de la Vierge Marie en 2019 dans mon quatrième livre :

17a) Lors de ces Apparitions Privées, La Vierge Marie m'a confirmé que tous les fidèles à Jésus-Christ, Clercs et Laïcs étaient attaqués et consacrés à l'esprit démoniaque lié à l'Antichrist par des moyens dont on n'a pas idée, dans le but de nous contrôler, nous manipuler, nous détruire, faire des expérimentations in vivo, nous abuser, nous violer dans l'invisible, nous posséder, fragmenter notre âme pour nous faire changer abusivement de religion ! [...]

---

[49] Initiale du Prénom modifié.

Déroulé des autres tableaux de l'Apparition Privée de la Vierge Marie, citée dans mon quatrième livre. Des extraits :

Le lundi 28 octobre 2019, mêmes tableaux.

17b) La Vierge Marie me confirmait ce que je voyais par le discernement direct des esprits et me guidait dans les prières de libération.

Donc, la Vierge Marie annonçait **le fléau du coronavirus** le 20 novembre 2019. **Elle a annoncé aussi le fléau de la psychotronique**, je vous renvoie à mon quatrième livre.

Et j'ai avisé l'Archevêque de mon diocèse, mais le mail a dû être jeté au panier. Malgré tout, ceux qui étaient avisés et qui étaient touchés par le covid ont été guéris. Les autres…. S'ils sont morts, à cause de l'autorité diocésaine qui n'a pas transmis, il verra avec Notre Seigneur… Trente-quatrième et dernière Apparition de Marie, Saint Joseph et l'Enfant Jésus.

En cette fête du Christ Roi 2019, que de mal fait-on à Jésus et à Marie ! C'est abominable ce mal.

17c) Quand j'ai prié au Nom de Saint Joseph, par le discernement direct des esprits, j'ai su que **le dragon est lié à la religion abrahamique** et c'est la Sainte Famille qui le combat.

Ceux qui pratiquent cette religion savent aussi **rentrer en esprit dans un corps humain**, c'est de la pure sorcellerie.

17d) Trente-quatrième et dernière Apparition de Marie, Saint Joseph et l'Enfant Jésus. Personne n'a voulu reconnaître ce que j'avais vu, mais par contre, ils ont **osé prendre une date d'Apparition** précise pour faire du mal aux Victimes de l'abus rituel satanique mystique. Ce sont bien des pervers, mais les Evêques les laissent en place, à moins qu'ils ne soient acteurs ou complices, eux aussi. Quand auront-ils des prières de libération, pour être libérés ? Personne a dû leur présenter l'Enfer, le dernier faux-Pape est sûr que l'Enfer n'existe pas !

18. ***Dans mon huitième livre,*** vous pourrez lire en fin du livre des extraits du Padre Minutella, n'ayant pas d'autorisation à les publier dans ce livre.

19.Un extrait du journal Chiesa Viva 528 - 29 juin 1963 :

www.chiesaviva.com e-mail: info@omieditricecivilta.it

Dr Franco Adessa

« Et, comme l'a déclaré Nubius: **«Le meilleur poignard**

*"Chiesa viva" *** Juillet-Août 2019 page* 19 **- pour assassiner l'Église et la frapper au coeur est la corruption... la corruption du peuple à travers le clergé, et du clergé à travers nous ...».**

Les magistères sataniques des anti-papes du règne de l'Antéchrist (Paul VI, Jean-Paul II et Benoît XVI et sa "béquille", François) devaient promouvoir les trois cultes de la franc-maçonnerie:

le culte du Phallus, le culte de l'homme et **le culte de**

Lucifer à travers les trois divinisations:

1. **la divinisation de la nature** (où Satan se présente comme Dieu);

2. **la divinisation de l'homme** (où Satan se présente comme rédempteur de l'homme);

3. **la divinisation de Lucifer** (où Satan se présente comme roi de l'univers).

Ces trois divinisations, qui ont maintenant atteint la phase finale avec le "magistère" de Bergoglio, nous les synthétisons en résumant ce que nous avons déjà publié à plusieurs reprises.

DIVINISATION DE LA NATURE

Souvenons-nous des paroles du haut illuminé, Domenico Margiotta: «Le Dieu des cieux est le Dieu du néant, tandis que **Satan est le dieu de l'univers,** car il comprend en un seul être, l'esprit et la matière, l'un ne pouvant subsister sans l'autre". Par conséquent, tout doit viser à rendre grâce, à garder, à préserver et à protéger la Nature. Même le salut, le péché, l'âme, le surnaturel et l'Eucharistie sont liés à la **Nature** et au **"dieu de l'univers", Satan.**

Voici une synthèse de la "divinisation de la nature" contenue dans l'encyclique de Bergoglio, **Laudato si':**

– La **nature** est mentionnée 70 fois, tandis que les mots; **Rédemption du Christ, Messe, Présence réelle, Sacrifice du Christ, Confession, Rosaire, Royaume de Dieu, Paradis, Purgatoire sont complètement absents.**

– L'**Enfer** n'est que "l'étouffement des agglomérations résidentielles non compensé par des relations humaines qui donneraient une sensation de communion et d'appartenance"(148).

– Le **salut de l'âme** est totalement absent, mais **4 types de salut** apparaissent et peuvent être obtenus dans un rapport approprié avec la nature (71, 79, 79, 112).

– Le **péché** est mentionné 4 fois, uniquement en relation

avec la nature.

– L'**âme** n'est mentionnée qu'une fois, mais uniquement

pour "rencontrer Dieu aussi en toutes choses" (233).

– Le **surnaturel** est décrit comme la nature élevée par

Dieu et transformée en une médiation de la vie surnaturelle (235).

– Le **Christ ressuscité** est une maturation universelle qui

illumine tout; sur **Marie** et **Joseph,** il dit seulement

qu'ils nous aident à **protéger le monde** que Dieu nous a confié…

– **Eucharistie** (236): «Uni au Fils incarné, présent dans

l'Eucharistie, **tout le cosmos rend grâce à Dieu. L'Eucharistie unit le ciel et la terre, embrasse et pénètre**

toute la création. Le monde, qui est venu des mains de

Dieu, retourne à lui dans une adoration joyeuse et pleine:

dans le Pain eucharistique, "la création tend vers

la divinisation ... vers l'unification avec le Créateur

lui-même". Par conséquent, l'**Eucharistie est également une source de lumière et de méditation** pour nos préoccupations en matière d'environnement et nous incite à être **les gardiens de la création». »**

20. Des exemples de découvertes grâce à l'Esprit de Vérité, dans l'exercice des charismes, en dehors de celles de l'anti-pape Paul VI :

1.Un Gsm déclencheur pour les victimes de l'abus rituel satanique mystique ;

2.Des ondes spéciales pour maintenir un animal vivant dans un corps ;

3.Dans le vagin, un implant excitateur sexuel ;

4.Une messe œcuménique maintient l'abus rituel satanique mystique ;

5.La vente des âmes à l'esprit démoniaque de la religion abrahamique ouvre le vagin (ou la verge) pour l'abus rituel satanique mystique ;

6.Rituel du nagualisme (*cité par P.Meinrad Hebga*[50]) maintenant un génie dans un corps humain vivant pour maintenir l'abus rituel satanique mystique ;

7.Vente à une loa des organes sexuels ;

8.Un esprit de viol sous contrôle mental ;

9.Un esprit d'abus rituel satanique mystique sous contrôle mental ;

10.Dans le vagin (ou la verge), tous sceaux d'envoûtement de l'esprit de sorcellerie pour maintenir l'abus rituel satanique mystique dans le vagin ou dans la verge ;

11.Rite initiatique à l'esprit d'impureté maintenu par l'abus rituel satanique mystique ;

12.Implant Papillon Monarch dans la tête et dans le vagin (ou la verge) ;

---

[50] Livre : La rationalité d'un discours africain sur les phénomènes paranormaux » Ouverture philosophique. Editions L'Harmattan. ISBN 2–7384-6861-6.

13. Les candidats au Sacerdoce ont un esprit de sorcellerie pour maintenir l'abus rituel satanique mystique ;

14. Mis sur le Cœur Sacré de Jésus, le papillon Monarch ;

15. L'emprise sexuelle maintient l'abus rituel satanique mystique ;

16. Nouveaux-Nés dédiés au Mystère Damballah par le sang du placenta ;

17. Rituels centrés sur le sang et les sacrifices d'enfants pour maintenir les maléfices dans l'ADN ;

18. Phallus d'Osiris, le plus puissant des talismans que Mgr Brincard (âme damnée voulait me faire connaître, mais j'en avais déjà entendu parler), dans toutes les catacombes de Basiliques, dans toutes les Cathédrales ;

19. Les victimes de l'abus rituel satanique mystique ont une puce dans les organes sexuels ;

20. La psychotronique, annoncée par la Vierge Marie, dans l'abus rituel satanique mystique ; le P.Meinrad Hebga, prêtre exorciste de renommée mondiale la connaissait aussi ;

21. Contrôlés comme des robots par le viol mystique ;

22. L'abus rituel satanique mystique est maintenu par la religion abrahamique ;

23. Le contrôle robotique total maintient les abus sexuels ; la programmation MK basée sur … (*pas d'autorisation à publier !*) ; (on devrait pouvoir s'entraider !)

24. Le maléfice, fait avec des mixtures maléficiées, maintient l'abus rituel satanique mystique ;

25. L'implant cérébral qui active l'abus rituel satanique mystique, parfois avec l'aide d'un reliquaire ;

26.Certaines Eglises ou Cathédrales sont plombés par des Clercs Pervers… ;

27.**La Messe de Paul VI** est consacrée à l'esprit d'Hiram Abiff ;

28.**Le Concile Vatican II** est aussi consacré à l'esprit d'Hiram Abiff ;

29.**Par la Messe de Paul VI et la double messe noire**, ils nous manipulent pour devenir programmés Monarch avec le sceau de l'implant Monarch pour être violé, abusé. (*Révélations de l'âme damnée de Paul VI et renseignements de l'Esprit de Vérité*) ;

30.**La Messe conciliaire** est *très mauvaise, les paroles de la Consécration ne sont pas valides.* Si vous ne pouvez pas vivre une Messe de la Tradition, achetez un missel à la boutique « *Editions Saint Rémi* » et lisez votre Messe ;

31.*L'Hostie est vide.* **«Je faisais venir Jésus par ma Foi à l'hôpital ou ailleurs»** ;

32.Ils peuvent mettre un vrai papillon pour maintenir leur maléfice ;

33.**La messe diabolique de Paul VI** *maintient l'abus rituel satanique pour que nous ne soyons jamais délivrés ;*

34.Lire mon huitième livre gratuit, dont le titre m'a été donné par l'Esprit Saint « **les Conséquences de la messe conciliaire maintiennent l'abus rituel satanique mystique** et la double messe noire et les esprits gardiens qui gardent cette double messe noire ;

35.Ils ont créé une brèche sur l'âme (*connaissance de cela dès que je me suis intéressée au mal que font les sorciers grâce à un prêtre charismatique*) pour qu'ils rentrent leurs maléfices ;

36.Certaines sourates dites des miracles maintiennent l'abus rituel satanique mystique ;

37.*La « croix tordue »* qui maintient l'antichrist. Sur mon site, c'est expliqué par Don Luigi Villa, et un écrivain et journaliste et historien des Religions, Mr Hubert Rémy et moi-même. Vous pouvez lire tous mes articles et dans les journaux de Chiesa Viva ;

38.**L'Anti-Pape Paul VI avec tous les Cardinaux complices**, Initiateur du règne de l'antéchrist par la double messe noire à Rome et à Charleston maintiennent l'abus rituel satanique ;

39.**Une phrase des Jésuites** maintient l'abus rituel satanique mystique ;

40.**Briser le lien d'âme entre l'abuseur et l'abusé ou l'abusée ;**

41.**Le Pape François est un faux-pape usurpateur de la Chaire de Pierre**, on ne doit ni l'écouter, ni le suivre, parce qu'on désobéit à Jésus, il faut aller en Catacombes. Sur mon site, vous pouvez poser des questions, lire mon huitième livre et d'autres articles ;

42.**On peut mettre des choses mauvaises sur le sol :** marque de la Bête, des maladies, différentes choses pour rentrer en vous. Il vous faut consulter un prêtre qui sait bénir et exorciser le sel, l'eau pour faire une croix sur votre sol et le consacrer à Jésus-Christ, Notre Sauveur et Libérateur, **à condition que vous soyez vous-même libérés ;**

Sur le sol, il y a aussi le[51] qu'il faut briser, si l'on a une autorité. Vous avez aussi la « voix de « - » mauvaise[52] », on croit que c'est Dieu qui nous parle. Le but est de vous manipuler, il faut s'en assurer ;
43.Des choses mauvaises qui peuvent être mises dans l'eau du robinet, les briser par la prière, *un modèle de prière dans le sixième livre « Etes-vous exorciste, Madame ?* aux Editions Generis Publishing ».

---

[51] « Fluide astral du sol qui est le grand agent magique du vaudou », « cité de nombreuses fois dans mes prières de libération » et lu dans un livre relatant le vaudou.
[52] Dans le livre de Mr Alexandre Lebreton – «Mk – Abus Rituels et Contrôle Mental.»

21. Pour pouvoir abuser des victimes qu'elles soient clercs ou laïcs hommes et femmes :

les pervers (prêtres et laïcs) s'appuient sur des agissements démoniaques des générations passées.

« Je suis extrêmement reconnaissante à Béatrice pour ses prières et sa main tendue, sans contrepartie aucune. Je lui dois un secours inestimable, **sans lequel je n'aurais pas survécu.** »

22.L'abus rituel satanique qu'il soit physique ou mystique, je le combats spirituellement depuis juin 2015.

Mais des Religieux le pratiquaient depuis les années 1100, donné dans la prière de libération.

Un Roi de France complice et des Nobles actifs avaient pratiqué aussi cet abus rituel satanique mystique.

Des ancêtres de Nobles vivant actuellement le pratiquaient et leurs descendants, même s'ils ne le pratiquent pas, ce dont je doute, l'ont hérité et les sacrements reçus quels qu'ils soient, sont invalides et s'ils sont prêtres, c'est encore pire.

Obligé par Jésus, ce Roi de France défunt, âme du Purgatoire, est venue en moi, me raconter et me demander pardon.

23.Ce qui maintenait ce qu'avait fait le Pape Paul VI, donné par l'Esprit de Vérité, cité dans mon sixième livre à la page 242 de mon sixième livre, avant ses révélations.

Et tous les Pays y sont consacrés…

23a) Pour maintenir cet abus rituel satanique mystique :

ils utilisent une dagyde sexuelle perpétuelle, un maléfice fait avec nos propres cheveux, différents maléfices très peu connus.

23b) Régulièrement, dans les prières de libération, **des Clercs pervers apposent la marque de la Bête** à l'insu des personnes pour leur faire du mal et maintenir les maléfices en elles.

La marque de la Bête mise dans l'Adn découverte en 2017 pour tous ceux qui sont fidèles à Jésus-Christ …

Je peux préciser que **le chiffre et la marque de la Bête** sont mis dans l'ADN de tous les chrétiens.

La Bête, c'est Satan, un chrétien non formé à ce combat spirituel, ne peut s'en libérer seul, au Nom de Jésus, parce qu'il risque de recevoir une volée de bois vert.

23c) Le mystère D. (déjà cité) **est le gardien de l'abus rituel satanique qu'il soit physique ou mystique.**

    24. La nuit du 27 mars 2024, je priais avec les vrais textes de la Messe, quand je fus en alerte par le discernement direct des esprits, **des «Judas»** avaient **lié le SANG DU CHRIST** à **l'esprit d'abus rituel satanique mystique** ! Quelles méchanceté et perversité !

    25. Témoignage d'une accueillie envoyée par un prêtre charismatique, dont des ancêtres avaient commis des iniquités sur lesquels les pervers actuels s'appuient pour lui faire du mal : j'ai l'impression de vivre dissociée en ce moment, je suis déconnectée. Le cerveau est immobilisé, encombré, inopérant, j'oublie tout, je suis originale. Je ne contrôle pas mon esprit. Vous ne pouvez pas savoir la souffrance, me dit-elle, que cela représente, cet isolement affectif, physique et psychique !

Je souffre ce soir, merci de vos prières.

Je suis découragée et je me sens détruite psychiquement et même dans mes facultés. J'ai mal à la tête et au thorax. J'ai mal partout. Le matin, j'ai des pensées de suicide parfois. Je me sens isolée. Je deviens irascible, j'ai des pensées de haine, je me sens envahie par ces mauvais réflexes, je ne me sens pas respectée. Toute blessure par autrui est ressentie douloureusement. Cela me détruit.

Il faut que je prie deux heures par jour pour être un peu mieux et encore…

Que puis-je faire ? J'ai besoin de vos conseils. Je ne peux rester comme cela, c'est une mort lente. Je supplie le Seigneur qu'Il me délivre. Pardonnez-moi, mais **peu de prêtres comprennent cette souffrance.**

Merci pour vos conseils et vos prières.

Que Dieu vous garde !

J'ai la sensation d'un enfermement qui s'intensifie.

Merci pour ton aide, ton soutien, ta prière et ton témoignage de Foi. Nous avons encore bien avancé et je vais continuer à prier. J'ai beaucoup appris avec toi, aussi bien par l'exemple de ta vie d'engagement passé, que par ta vie de prière d'aujourd'hui. Je m'en nourris autant que je peux.

Je voudrais te remercier du fond du coeur pour tes prières, tes conseils. Te remercier pour cette semaine où tu m'as consacré tant de temps. Mille et mille mercis de tout coeur. Ton exemple tout autant que tes charismes m'ont apporté !

26. Pour pouvoir abuser des victimes qu'elles soient clercs ou laïcs hommes et femmes, les pervers (prêtres et laïcs) s'appuient sur des agissements démoniaques des générations passées, tels les consécrations sataniques, la sorcellerie, les sectes anti-chrétiennes, les pactes de sang, les pactes occultes, les esprits d'impureté comme l'esprit de pédophilie, l'esprit de masturbation initiatique, divers rites sataniques, la vente de l'ADN à Satan, etc.[53]…»

« Celui qui commet le péché est du diable, car le diable est pécheur dès l'origine. C'est pour détruire les oeuvres du diable que le Fils de Dieu est apparu. » (1 Jn 3, 8). De nombreux prêtres pour qui j'ai prié, ont reconnu ce charisme.

Plusieurs prêtres exorcistes français ignorent complètement qu'une personne puisse être squattée par un esprit humain, vivant ou mort. Cela m'a été confirmé par deux prêtres africains dont un prêtre exorciste du Bénin, de renommée internationale, le père Pamphile Fanou à qui j'ai pu téléphoner.

27. En effet, les esprits humains vivants peuvent aussi se servir des miroirs pour rentrer dans un corps humain vivant.

Je recevais une dame dans une pièce qui était purifiée après chaque prière de libération et je savais cette pièce saine. J'écoutais cette femme venue avec son mari, mon intercesseur était aussi présent, quand subitement, elle nous a confié « *je me sens mal dans votre maison* ». En effet, par le biais du miroir, **l'esprit humain vivant** qui lui faisait du mal venait de rentrer une énième fois en elle et se manifester méchamment. Ainsi, je me suis aperçue que j'avais oublié de consacrer le miroir à Jésus. Nous avons dû en urgence faire sortir l'esprit humain vivant. Et après sa visite, j'ai consacré le miroir à Jésus-Christ. Et je l'ai fait aussi dans mon lieu de vie.

---

[53] Lire à partir de la page 47 le livre « la Vierge Marie nous annonce des fléaux mondiaux.»

28.Tellement de gens de toutes conditions sociales, même des prêtres, connaissent ce moyen de faire du mal à une femme, de rentrer en esprit dans les corps de victimes, qu'il est urgent de comprendre ce sujet.

Combien de **viols mystiques** ?

Combien d'**abus rituels sataniques mystiques** ?

29.En 2020, on continuait d'attaquer un prêtre et nous avons aussi découvert qu'il subissait l'abus rituel satanique mystique depuis 2015, violé par un Clerc et qu'on passait par son numéro de portable pour faire du mal à toutes les personnes qui le contactaient. Et il n'est pas le seul malheureusement dans ce cas !

30.En 2020, une dame raconte : j'étais en train de devenir un Zombie !

Depuis plusieurs mois, je me posais des questions concernant ma santé spirituelle : plus envie de prier, lors de ma confession mensuelle, je disais au prêtre, à quoi bon prier puisque je fais toujours les mêmes péchés !

Ma vie me pesait ; le matin, je n'avais pas envie de me lever ; mes nuits étaient agitées ; mon sommeil n'était pas reposant. J'observais sur moi-même des phénomènes étranges : secrétions vaginales comme lors des ovulations, excitation clitoridienne, j'étais perturbée dans ce domaine.

Ces constatations étaient inquiétantes pour une femme de plus de soixante-dix ans, surtout que depuis bien des années, j'avais éliminé de mon regard toutes scènes érotiques et toutes lectures sensuelles pouvant salir mon âme.

Le Seigneur ne laisse pas ses brebis dans l'ignorance !

Le Saint Esprit est venu m'éclairer en la personne de Béatrice rencontrée providentiellement lors d'une retraite.

Béatrice a vécu une grande épreuve dans sa vie. Pour se relever, elle s'est tournée vers le Seigneur.

Après de nombreuses années de service auprès des personnes malades, elle a reçu de Dieu plusieurs charismes dont celui du discernement direct des esprit impurs.

Des prêtres exorcistes reconnurent ses charismes et sur leur conseil, elle se forma et étudia ces différentes sorcelleries parce que sortir en esprit de son cerveau est de la pure sorcellerie.

Et ces envoûtements particuliers, ces cas d'envoûtement par une personne vivante ou par une personne morte, un génie, un totem, un animal sont nombreux en France et toutes ses motions charismatiques furent confirmées par les livres de prêtres exorcistes mondialement connus.

Sa formation était basée sur le livre de Francis MacNutt « la délivrance pour aujourd'hui. »

31.Extrait d'une polycopie offerte gracieusement, «De la sorcellerie à la lumière de Jésus-Christ,

volume 1 de Paul Gomez Ehounou, un chrétien catholique délivré de l'esprit de la sorcellerie». « *De la quatrième activité à laquelle se livre le sorcier est la séparation de son esprit et de son corps. Et par extension, **toute pratique dans laquelle l'individu a la capacité de séparer son esprit de son corps est de la pure sorcellerie,** d'après l'extrait de la* Préface du père Assiélou Kadjo Michel, son père spirituel[54]. »

---

[54] Droit de courte citation.

Ce qui m'avait été confirmé aussi par le Padre Fanou, prêtre exorciste de renommée internationale et un autre prêtre béninois. Ceux qui appartiennent à des sectes anti-chrétiennes savent le faire aussi ! Même des Clercs ! C'est pourquoi le livre « *Si tu crois, tu verras la gloire de Dieu*» a dérangé certains hommes d'Eglise !

32.Suite du témoignage de la dame en 2020, j'étais en train de devenir un Zombie ! :

Béatrice me parla de **l'Abus Rituel Satanique**, j'écoutais très attentivement ses propos, ils firent écho avec ce que je ressentais.

JE VIVAIS LE VIOL MYSTIQUE.

J'étais sidérée, comment était-ce possible ?

Je savais depuis de nombreuses années que *l'être humain était capable de sortir de son corps pour aller dans l'Au-Delà,* mais jamais, je n'aurai imaginé qu'il se servirait de cela pour nuire, détruire nos âmes et nous éloigner de notre Divin Créateur et Rédempteur.

C'était ignorer les maléfices liés à la sorcellerie, aux sectes anti-chrétiennes et bien d'autres choses encore.

A cette époque, dans un sanctuaire marial, j'aidais à la préparation de la messe et j'étais responsable du chapelet, le premier samedi du mois lors de la dévotion au Coeur Immaculé de Marie.

Le comportement du prêtre depuis deux années me posait beaucoup de questions ; toujours très pressé, ne me remerciant que très rarement et surtout avec un regard toujours fuyant !

Pourquoi moi ?

En travaillant avec Béatrice sur ma guérison et celle de mon arbre généalogique, j'ai découvert que j'étais marquée par l'esprit d'impureté

(Asmodée) de par mon père adultère et moi-même (frère pervers à mon égard).

Je rends grâce et loue la bonté du Seigneur qui nous guérit et nous libère des liens de ces esprits mauvais, grâce au charisme de libération donné à Béatrice.

De tout coeur, je remercie Béatrice pour son écoute, sa simplicité, son dévouement et son don total d'elle-même au Seigneur.

Etant une femme, il est plus facile de lui confier nos problème intimes.

J'ai retrouvé ma joie de vivre et me plonge maintenant dans la découverte de la Divine Volonté avec Marie et Luisa Piccaretta. Quel merveilleux cadeau !

Gloire et louange à notre Dieu Trinitaire et tout AMOUR.

Alléluia le Seigneur règne ! Alléluia il est Vainqueur !

33. Comme ces prêtres exorcistes de renommée mondiale, le père Meinrad Hebga qui décrit l'envoûtement par une personne vivante et Dom Amorth évoque aussi l'envoûtement d'un être vivant[55] **dans un corps humain vivant.** J'ai l'habitude de dire « **envoûtement d'*un esprit humain vivant* ».**

Le Saint Esprit ne me l'a pas corrigé. Et ceux que je chasse vigoureusement, ces esprits humains vivants, car nous sommes uniquement le temple de Dieu, le comprennent bien et déguerpissent. Il sont reliés à leur corps physique par la corde d'argent.[56] Si on coupe la corde d'argent, l'agresseur meurt ! Malheureusement, **dans les prières**

---

[55] Lire le chapitre 4 du livre « Si tu crois, tu verras la Gloire de Dieu ». Editions Croix du Salut. 23 Mai 2017.

[56] Livre de l'Ecclésiaste 12, 6. Lire aussi le livre cité dans la référence 34.

de libération, j'en rencontre beaucoup trop d'esprits humains vivants.

Au regard de ce que j'ai appris sur le tas grâce à l'Esprit Saint, il est important d'avoir l'humilité de dire notre méconnaissance du problème et d'aller chercher de l'aide auprès de quelqu'un qui a l'expérience qu'il soit prêtre, laïc ou d'un autre pays, ou d'une autre religion.

Et grâce à nos découvertes de 2020, les agresseurs peuvent ainsi rentrer dans le corps humain vivant et faire une intrusion mystique de leur sperme après avoir violé la victime ! Et vous pouvez découvrir ce qui se passe, **neuf mois plus tard** !

34. 1er trimestre 2014, un résumé de l'histoire de Muriel[57], victime de 34 ans, catholique :

Je suis une jeune femme de 34 ans. A 15 ans, ma vie a basculé. J'étais alors stagiaire [...] avec un patron autoritaire qui nous harcelait psychologiquement et nous poussait à bout dans le travail. Après une année à subir tout cela, je n'avais plus de force et je me sentais vidée : plus de goût à rien, n'aimant plus ce monde ! Les ennuis physiques ont commencé. J'avais de drôles sensations dans mon corps. L'impression que mon ventre était comprimé et m'empêchait de respirer, de manger aussi ! Je maigrissais, je n'arrivais plus à manger, car manger me fatiguait et me causait des malaises qui ressemblaient à des chutes de tension. J'avais fait toute une batterie d'examens et d'analyses à l'hôpital qui a conclu à un problème psychologique, ce que j'ai cru à ce moment-là.

Plus les années passaient, plus mes crises avec une sensation de brûlures réelles de l'intestin s'intensifiaient, tant au niveau des douleurs que de la fréquence. A cette époque, j'ai tout essayé : magnétiseurs, (elle

---

[57] Le prénom a été modifié.

a eu besoin d'une prière de libération), rebouteux, ostéopathe, naturopathe. J'ai refait des analyses par la médecine traditionnelle : coloscopies, endoscopies, analyses sanguines etc. Toujours rien !

Pourtant, mes sensations étaient bien réelles car je faisais des malaises vagaux à répétition sans explication pour la médecine…jusqu'à être licenciée de mon travail d'ouvrière […] (*que j'aimais beaucoup*) car je n'arrivais plus à tenir debout. Il m'arrivait parfois d'aller travailler la journée avec une seule pomme dans le ventre, car il y avait comme un nœud dans mon corps qui m'empêchait de me nourrir.

J'avais tellement mal aux intestins que ne rien manger me soulageait. J'ai fini par trouver une ébauche d'explication par une naturopathe, avec une analyse d'allergies alimentaires, (*trois pages d'aliments*) que mon corps ne supportait plus ! Diagnostiquée ***maladie inflammatoire auto immune!***

Pour résumer, mon corps s'était mis en mode autodestruction ! Version que la médecine n'a jamais confirmée ! Après tous les traitements de la naturopathe, pas de réelle amélioration !

Je criais à DIEU de m'aider car c'était invivable. C'était un enfer sur terre ! Non seulement, c'était dur physiquement, mais aussi mentalement, car vous vous retrouvez au final toute seule, parce que personne ne vous croit et la médecine vous dit que c'est dans votre tête ! J'ai toujours senti au fond de mon coeur qu'il y avait autre chose là-dessous…

J'ai toujours parlé avec Jésus depuis que je suis petite, je sais qu'Il m'a toujours protégée. Et j'ai confiance que s'Il a permis de telles épreuves, (*croyez-moi, il y en a eu beaucoup d'autres que je ne peux pas détailler ici, sinon je devrais écrire un livre !*), c'est qu'il y avait certainement une bonne raison ! Un soir, j'ai vraiment crié à Notre Papa du Ciel que je n'en pouvais plus de tout ça et que j'avais besoin de connaître la vérité, car Il a dit que la Vérité nous libèrerait. Le lendemain, je rencontre Béatrice après la messe, nous commençons à parler. Intérieurement, je demande à Jésus : « *qu'est-ce que je fais, dois-je prendre rendez-vous ?* » En mon coeur, la réponse était OUI. Nous avons donc commencé par beaucoup parler, elle a pris le temps pour tout écouter.

Ensuite, j'ai demandé au prêtre qui me suit sur ma paroisse, le père A. […], de venir pour prier, ainsi qu'un ami de confiance qui organise des soirées de louange. Comme à l'habitude, lors de prières, mon corps a réagi, surtout mon ventre. Il bouge tout seul et je ressens une agitation dans mon corps. D'après Béatrice, j'avais un esprit humain vivant en moi. Je vous avoue qu'au début, je restais perplexe !

Mais je restais dans la confiance dans le Seigneur, car Il a dit quand plusieurs sont réunis en mon Nom : « *Je suis au milieu d'eux* ». Donc, Jésus était présent : je n'avais aucune raison d'avoir peur. Après plusieurs prières, j'entendais en moi cet esprit, il me disait qu'« *il ne voulait pas partir* ». Nous avons donc intensifié nos prières demandant à l'Esprit Saint de nous éclairer, ainsi qu'à la Vierge Marie et tous les Saints du Ciel.

Suppliant Dieu et Jésus, j'ai alors reçu en mon coeur cette phrase : «*c'est par Marie qu'il partira !*» Nous avons donc prié Marie. Ce qui suit est magnifique car je l'ai vécu de l'intérieur. Plus nous priions et plus cet esprit qui était en moi devenait petit, jusqu'à s'écrouler en moi en pleurant et en me demandant pardon, ainsi qu'à l'équipe !

L'esprit humain de cet homme avoua être ce fameux maître de stage que je citais au début du témoignage. Je me suis alors souvenue de son histoire personnelle, c'était un orphelin qui avait vécu de foyer en foyer et qui cherchait l'amour dans de multiples conquêtes féminines, il redevenait enfant en moi. J'ai senti Marie qui le consolait et Dieu venait le toucher.

Je pleurais à ce moment-là, mais cela n'était pas mes larmes : c'étaient les siennes, celles d'un enfant blessé par la vie et qui a commencé à pécher parce qu'il n'avait pas les bons repères. Mais, la Miséricorde de Dieu est immense !

Cet « esprit humain vivant » était donc en moi avec tous ses péchés qui faisaient souffrir mon corps. Les péchés sont nos croix !

Dieu n'a-t-il pas dit qu'il fallait porter notre croix ? Eh bien aujourd'hui, tout s'éclaire en moi ! Nous devons porter nos frères qui n'ont pas eu la chance de rencontrer Dieu dans leur vie, à l'image du Christ qui a porté les péchés du monde en Lui, pour nous sauver. Il a été permis à cet esprit d'être dans mon corps pour sauver cette personne qui ne connaissait pas Dieu. J'ai senti physiquement cet esprit humain vivant quitter mon corps et monter au-dessus de ma tête. ***Quelle joie, j'ai ressentie après dix-huit ans de sa présence en moi !*** Je lui ai pardonné, je rends grâce à Dieu de me faire vivre de telles choses et de m'avoir fait rencontrer Béatrice.

En mon coeur, je sais que ma guérison passera par Béatrice, car à côté d'elle, je ressens une grande paix et l'Amour du Seigneur. Dieu opère de grandes choses tous les jours ! C'est un grand cadeau de Dieu. C'est par l'Amour que Dieu sauvera le monde. Et bien là, nous avons été témoins de l'Amour de Dieu ! Gloire à Dieu au plus haut des Cieux !

L'autrice précise que **l'esprit humain vivant** ne reste pas vingt-quatre heures dans un corps humain vivant, il est obligé de repartir dans son propre corps, et c'est un esprit démoniaque qui prend le relais, l'esprit guide ! Mais il peut revenir le lendemain…

35. Le vendredi 8 novembre 2019, l'autrice avant d'aller voir la Silhouette de la Vierge Marie à la Grotte[58]**, s'est faite violée mystiquement** par l'esprit humain vivant d'un laïc actif avec l'aide d'un Clerc devant le Saint Sacrement, dans mon banc à l'église Saint Gilles. J'ai vu à la Grotte de l'Ile Bouchard la même Silhouette de la Vierge Marie et les visages de Saint Joseph et de l'Enfant Jésus. Avec l'aide de Jésus, j'ai pardonné à mes agresseurs.

Combien de **viols mystiques** ? Combien **d'abus rituels sataniques** faits par des Clercs et des Laïcs pervers ? Avant que l'Eglise Catholique ne s'intéresse aux victimes !

Combien ?

Je rappelle à tous ceux qui sont dans la perversité sexuelle, par l'impureté, **à leur mort, ils tombent aussitôt en Enfer**, (*lire mon troisième livre*).

36. Un prêtre Moine qui prie pour la délivrance et qui a une délégation d'exorcisme donnée par son évêque m'affirma :

« Les textes sont formels, tout fidèle est libre d'élever à Dieu des prières pour obtenir la guérison. L'interdire, c'est pratiquer un abus de pouvoir ! »

Donc, les Evêques aiment bien les abus de pouvoir, pourquoi apprendre à faire du mal ?

37. Un peu d'explication : c'est par pacte de sang, rite de sang qu'ils mettent les animaux dans le corps des victimes :

---

[58] Lire le livre « La Vierge Marie nous annonce des fléaux mondiaux ! Notre Dame des Victoires, venez nous sauver ! » Pages 100 à 113. Editions Generis Publishing. 29 mai 2020.

Nous avons demandé l'intercession de Saint Georges et de Saint Michel. Un esprit **de viol mystique** lié au sperme de N. qui maintient un animal introduit par l'esprit de sorcellerie avec un esprit gardien (donné par la Vierge Marie) pour l'empêcher de partir. Consécration occulte de l'ADN, soit à un démon, soit à un individu pervers. En cours de formation, nous apprenons que « *les esprits d'occultisme rentrent par les sceaux sataniques* ».

Un bébé qu'on avait voulu avorter par une aiguille à tricoter dans l'axe de sa colonne vertébrale, cela permettait la médiumnité, (cité par un prêtre charismatique).

J'ai découvert l'année 2020 avec l'aide de l'Esprit Saint qu'ils introduisent pour **toutes les victimes de l'abus rituel satanique** des esprits incubes et succubes.

Le livre « *Des Ténèbres à la lumière… Osez prier pour la délivrance* » de Jean Pliya peut vous aider à chasser ces esprits aux pages 79, 82, 83 et 122.[59]

Les esprits incubes ou succubes rentrent aussi par « **le viol, le viol mystique, l'abus rituel satanique physique et mystique** », *renseignements donnés par l'Esprit Saint.*

Si vous ressentez que vous êtes victime **d'abus rituel satanique mystique** qui n'est pas fait dans le corps physique, ***mais dans le double ou l'âme***, demandez au prêtre exorciste qu'il n'oublie pas de vous libérer de la présence de ces esprits incubes et succubes.

---

[59] Livre « Des Ténèbres à la lumière… Osez prier pour la délivrance » de Jean Pliya. Saint-Paul Editions Religieuses. Juin 2002. 3ème édition. Éditions Pierre TÉQUI / Éditions SAINT-PAUL. 8 rue de Mézières, 75006 Paris. www.librairietequi.com

Nous avons découvert en 2020 que l'on se sert ***d'encens satanisé avec de la poudre de morts d'enfants violés, assassinés, brûlés*** pour ouvrir les corps des victimes afin d'introduire des maléfices.

Mettre de l'encens satanisé dans un encensoir, et voici comment on a fait rentrer un animal en 2015 !

38. Un témoignage de la Puissance de Dieu écrit par Bernadette le Vendredi 27 mars 2020 :

Je viens de me réveiller, il est 4 heures ; je n'ai mal nulle part , la tête est légère? Nous sommes en confinement depuis le 17 mars 2020. Hier, je suis allée au ravitaillement et je suis rentrée très, très fatiguée : mal à la tête, oppression et tachycardie, je me suis reposée. A 21h, j'étais au lit, je me suis réveillée à minuit, après les prières habituelles du soir, j'ai décidé de réciter les prières 9, 10 et 19 du livre « *Peut-on se libérer des esprits impurs ?* » de Monseigneur Tournyol du Clos. …**En un instant, tous mes maux ont disparu !!!**

Je suis perplexe. Déjà dimanche soir, après la prière de libération de Béatrice, mon mal de tête s'était dissipé et le lendemain matin malgré une semaine très fatigante, je m'étais réveillée, la tête légère ce qui m'arrive rarement ; je suis toujours plus fatiguée le matin que le soir. Je rends grâce au Seigneur Esprit Saint pour sa Bonté et sa proximité.

Si tu crois, tu verras la gloire de Dieu !

39. Pour une victime d'abus rituel satanique,

« Vous êtes la seule qui m'ait autant aidée et fait autant d'effets, je ne peux pas m'en sortir sans votre aide, ne me lâchez pas, je commence à sentir une sortie. »

40.Fissuration de la cage thoracique par la psychotronique [60]ou les ondes, *il n'y a que Jésus qui peut nous guérir par Son Sang qui colmate cette fissuration.*

De nombreuses personnes l'ont vécu et c'est très douloureux. Mais inutile d'appeler le Samu ! Et les « **agresseurs** » passent par cette fissuration pour vous introduire des maléfices, [*le maléfice, c'est l'art de faire du mal avec l'aide du démon*], des animaux, des objets ou autres…

Pas de panique ! **Priez Jésus de colmater cette fissuration par son Sang Précieux** et reposez-vous un instant.

Attention, ne faites pas une demande magique qui ne sera pas exaucée! Si vous avez besoin d'une prière, appelez à l'aide un priant ou une priante ou mieux, votre Ange Gardien. Le livre cité de Jean Pliya peut vous y aider!

41.Du Père Meinrad Hebga qui fut un prêtre exorciste de renommée mondiale : «Qui peut exorciser ?[61]»

« […] Dieu accorde le charisme d'exorciste, …car Dieu ne fait point acception des personnes. » *Je vous renvoie à l'introduction où je l'ai expliqué, page 6.*

---

[60] Livre « La Vierge Marie nous annonce des fléaux mondiaux ! Notre Dame des Victoires, venez nous sauver ! » Pages 104 à 105. Editions Generis Publishing. 29 Mai 2020. Connu aussi par le P.Meinrad Hebga, prêtre exorciste de renommée mondiale.

[61] Du P.Meinrad Hebga. Sorcellerie et Prière de délivrance. Réflexion sur une expérience. Réf.25 dans son livre (1 Co 12, 5-11). Seconde édition. ©Présence africaine. 1982. Pages 178 et 179. Droit de citation de deux lignes.

Actuellement, on vend le corps humain par ékong[62] pour installer les maléfices.

On consacre l'utérus d'une victime à un maître d'une secte satanique !

On met de nombreuses drogues, voire des choses très toxiques dans le corps humain vivant pour détruire l'organisme de la personne par sorcellerie.

Mais je le répète *: Jésus guérit tout*, il faut Lui demander et prier avec l'aide d'un intercesseur et, ou, prêtre exorciste.

Le 15 Août 2020, fête de l'Assomption de la Vierge Marie, la France était consacrée à la Bête que l'Esprit Saint m'a fait briser !

Le 7 octobre 2020, les églises, les sanctuaires, les cathédrales, les basiliques avaient sur elles des sceaux de pratiques magiques sexuelles, quand ce ne sont pas des sceaux de maladies, m'avait dit un prêtre charismatique. *Priez beaucoup, priez le chapelet.* Rappelez-vous que le chapelet est une arme pacifique en ces temps troublés !Suppliez Jésus de revenir nous sauver ! Intercédez !

On peut trouver dans un corps, des compas, des équerres, des épées, des poignards, des clous, des aiguilles…, introduits par sorcellerie.

Pour bloquer une personne dans une prière de libération, on va lui fissurer sa cage thoracique ou son dos ou lui cisailler le cerveau. Il faut apprendre à vous défendre spirituellement.

En tout cas, par la prière de libération, Jésus-Christ guérit si l'on est dans la vérité et si on n'est pas en état de péché mortel…

---

[62] Relire le témoignage d'une **résurrection d'un prêtre envoûté par ékong**. Page 81 du cinquième livre.

Tous ces pervers ne savent pas que **Jésus guérit tout, par Son Sang très Précieux !**

Prions pour les ennemis de l'Eglise, qu'ils se convertissent !

Toutes les maladies peuvent être introduites par sorcellerie et elles sont inguérissables par le médecin. On met aussi des implants !

On peut introduire dans un corps vivant un sacrifice humain ! Un embryon avorté !

Un rite durable pour bloquer une libération avec du sperme, du sang de la victime ou du Sang Consacré de Jésus profané, et des Espèces consacrées et profanées.

Nous avons découvert qu'une personne malsaine qui pose sa main sur le ventre d'une femme enceinte, son bébé sera lié et aura besoin d'un exorcisme pour être libéré!

42. Pour que le Baptême d'une personne soit invalide, un ancêtre avait fait un rite initiatique pour qu'elle se prosterne devant l'Ennemi,

l'ancêtre s'était servi d'encens fait avec de la poudre de morts d'enfants avortés, violés, violentés, satanisés, assassinés et brûlés. Comme cette prière de libération fut assez difficile, j'avais demandé à l'Esprit Saint une Parole de la Bible et nous avons reçu le verset biblique « *la visite des Rois Mages*, Mt 2, 7 à 11 ».

J'ai lu une première fois ce verset, puis une deuxième fois, l'intercesseuse a repris le mot « *adorer* » et celle pour qui je priais a eu la vision de ce que sa mère avait fait : « ***la porter dans ses bras au-dessus d'un feu pour la consacrer à l'esprit de sorcellerie à vie*** *maintenu par de* *l'encens fait avec de la poudre de morts d'enfants avortés, violés, violentés, satanisés, brûlés lors de **l'abus rituel satanique physique** dans un bunker à une adresse précise.* »

Cela a beaucoup réagi sur la prosternation à l'Ennemi dans les renonciations pour qu'elle ne soit jamais délivrée !

Quand j'ai cherché plus tard ce rituel à Internet, je l'ai trouvé sur le site « *Le Petit Sacristain* » « *pour que les petits enfants soient possédés par l'Ennemi.* » *Et il y en a beaucoup, plus qu'on croit.*

Ils se servent d'un reliquaire dans une église pour maintenir les maléfices dans les victimes.

43. L'abus rituel satanique mystique est maintenu par des esprits incubes ou succubes afin que les personnes ne soient pas délivrées. Et si cela a été fait dans les générations précédentes, cela donne le droit au démon d'opérer en toute légalité, découvert dans l'exercice des charismes pendant presque quinze ans et cité aussi par Jean Pliya, (*voir* réf.59).

Dans une cathédrale d'un département de la Grande Couronne, un été, deux personnes ont ressenti de l'encens dans cet endroit, alors qu'aucun prêtre, ni enfant de Chœur ne préparait de l'encens et les prêtres n'étaient pas encore présents.

En priant, je me suis aperçue qu'ils avaient mis de l'encens satanisé fait avec de la poudre de morts parce que cela ouvre les corps aux maléfices et cela bloque leur libération. C'est inimaginable le mal qui peut être fait !

Voilà la dernière trouvaille de ces prêtres pervers. Vous seriez en droit de leur demander s'ils ont été libérés avant leur Ordination. Vous pourriez être face à des prêtres dont l'Ordination est invalide !

Un diocèse est recouvert d'un symbole de secte anti-chrétienne !

Dans une province ecclésiastique, les victimes de **l'abus rituel satanique** étaient attachées à trois lieux différents pour empêcher leur libération !

Une autre personne avait une vente à vie de l'Adn, depuis le Moyen Age! Les agresseurs actuels s'appuyaient dessus pour introduire d'autres maléfices.

Toutes les victimes de l'abus rituel satanique sont liées au mystère Damballah[63],vaudou! Dom Amorth, le célèbre prêtre exorciste italien, a eu beaucoup de mal à le conjurer.

Dom Amorth, un bon prêtre exorciste qui n'a pas hésité *« à me remercier et à me féliciter un 30 octobre 2012 et surtout qui m'a demandé de prier pour lui.»*

J'ai rencontré des femmes qui avaient été violées par un prêtre, cela leur glaçait le dos quand elles en parlaient. Et des prêtres avaient introduit mystiquement leur sperme par sorcellerie dans le corps de leurs victimes.

L'abus rituel satanique mystique ne se trouve pas dans le corps physique, c'est pour cela que les personnes n'en ont pas tout de suite conscience.

44. Un prêtre exorciste français m'écrivit que

« j'avais un charisme particulier. Un charisme ne s'explique pas. C'est un don de Dieu. Il faut juste que j'ai une bonne santé», me confiait-il.

« Ce pouvoir octroyé à tous les CROYANTS conserve toute sa valeur de légitimité et toutes les interdictions ne peuvent être qu'abusives et invalides !..C'est un pouvoir fondé sur la foi et la prière. (…) Cette fonction

---

établie par le Christ est imprescriptible et elle jouit de la pérennité[64] !...
(…)

En effet, c'est une hérésie de contredire des paroles formelles du Christ!...
(…) Il y a deux espèces de dogmes : les vérités DE FOI CATHOLIQUE, qui ont été définies par le Magistère et les vérités DE FOI DIVINE, qui sont clairement et explicitement exprimées dans l'Ecriture Sainte. Or, les paroles de l'Evangile, par lesquelles le Christ octroie à TOUS LES CROYANTS le pouvoir de chasser les démons, constituent une vérité DE FOI DIVINE et en conséquence, c'est une hérésie de contredire ces paroles du Christ !...

Comme il s'agit d'un pouvoir que le Christ lui-même a accordé à tous les croyants, absolument personne ne peut le contredire, même pas le Magistère actuel de l'Eglise !... (…) La Constitution de Vatican II sur la Révélation Divine ajoute ce qui suit : « CE MAGISTERE N'EST PAS AU-DESSUS DE LA PAROLE DE DIEU… » (n.10).

(…) En effet, l'hérésie suppose l'obstination à nier une vérité dogmatique, qu'il s'agisse évidemment d'une vérité DE FOI DIVINE, comme l'est la collation à tous les croyants de chasser les démons ou d'une vérité DE FOI CATHOLIQUE, comme l'est tout dogme défini par le Magistère de l'Eglise et le Droit canonique stipule que l'hérétique encourt une excommunication « latae sententiae.[65] »

---

[64] Le 20 avril 1999. Publication et photocopies autorisées. Un théologien. Extrait du Livre « Retire-toi, Satan ». Un théologien. Année 2004 - Edition Leparex – 405-195 Côte Sainte Catherine – Outrement – Québec – CANADA H2V 2B1 – tel/fax : (514) 270-7441

[65] (Can.1364, parag.1)

45. Arrivant en début d'après-midi d'un jeudi de 2019 pour assurer mon service d'Adoratrice du Saint Sacrement dans une autre chapelle :

j'ai aperçu cet homme se diriger vers cette chapelle et j'ai demandé à Notre Seigneur qu'il y garde un certain temps, le temps que je me gare et d'arriver à la chapelle. Ma prière fut exaucée et quelle ne fut pas ma surprise, d'y retrouver la dame que j'accompagnais de mes prières.

Et devant le Saint Sacrement, le Monsieur s'est confié…

Puis, cet homme m'a demandé de l'emmener chez moi :

j'ai acquiescé et ai demandé à une intercesseuse de m'accompagner, ne pouvant recevoir seule chez moi, un homme malmené par le Diviseur.

Aussi, je l'ai installée dans ma salle à manger, tandis que je recevais le monsieur dans une autre pièce. Lui appliquant avec son autorisation, ma Croix de Saint Benoît sur le ventre pour bloquer l'Ennemi, il m'a révélé qu'il avait fait un pacte avec l'Ennemi, qu'il n'avait jamais avoué en Confession, je lui ai appliqué les mérites de ce verset « *si vos péchés sont comme l'écarlate, ils deviendront blancs comme neige* » Is.1, 18. Il m'a assuré que cela lui avait fait beaucoup de bien, ce dont je ne doute pas.

Ensuite, j'ai continué à prier pour le libérer et j'ai reçu, l'intercesseuse aussi, qu'il était **l'objet sexuel de deux Curés dans l'invisible !**

L'abus rituel satanique mystique ! Ces deux Curés ont pris le chemin de l'Enfer, puisque, par l'impureté, à leur mort, ils tombent aussitôt en Enfer… L'un de ces Curés, en homélie, avait expliqué que l'Enfer était vide et qu'il fallait oublier les liens générationnels ! Je m'étais empressée de confier à ma voisine qu'il avait tort !

46.Dernier témoignage tardif remis par une accueillie le 24 10 2020 :

Des chocs psychologiques résultant de situations d'emprise se sont succédé depuis de nombreuses années. Cela m'a amenée jusqu'à la destruction progressive de mon esprit et la quasi-maladie psychique puisque j'étais prête à me faire hospitaliser.

À cela, le démon s'est manifesté dans ma vie de manière plus extérieure, il y a quelques mois. La situation devenait désespérée. Fortuitement, un prêtre que je connaissais, ne pouvant m'aider plus avant, m'a adressée à Béatrice. La prière a commencé par téléphone, puis sont venues les rencontres pour des prières de libération.

L'accueil de Béatrice est toujours plein de respect et joyeux. Le partage de nos expériences de vie est naturel et nous parlons de tout. J'aurais voulu être scoute et je vois en elle une soeur scoute, les pieds sur terre. Je suis aussi très attentive aux liens de dépendance et je ne le ressens pas avec elle. Peu à peu, je me suis sentie beaucoup mieux. Les insomnies ont cessé, j'ai retrouvé le repos, la paix de l'âme, la joie. Ma prière est plus profonde et vraie. J'ai pris conscience de mes problèmes de dissociation et nous prions pour cela. Je fais ma part aussi, je sais que ce n'est pas un coup de baguette magique et que j'ai à me convertir. Je suis extrêmement reconnaissante à Béatrice pour ses prières et sa main tendue, sans contrepartie aucune. Je lui dois un secours inestimable, sans lequel je n'aurais pas survécu.

Merci Seigneur pour cette rencontre. Merci Seigneur pour ton Amour et la charité de ceux qui te servent.

Alléluia !

47. Le Cardinal Giuseppe Siri (*élu trois fois Pape, mais emprisonné pour l'empêcher d'exercer son pontificat !*) déclara à un journaliste…

Un extrait de mon huitième livre offert à mes lecteurs et publié sur mon site au 28ème article :

« Ce secret (du conclave) est horrible. (...) Des choses très graves se sont passées. Mais je ne peux rien dire »

« Sur cette phrase prononcée par **le Cardinal Guiseppe Siri, j'ai reçu des informations par le charisme du parler en langues,** « humainement, c'est impossible à découvrir », sans l'aide de l'Esprit de Vérité. Ce n'est, ni de la divination, ni de la voyance, ni toute autre chose ésotérique. Le Parler en langues, c'est la *Puissance de Dieu qui agit dans ma bouche.*

Ils ont mis sur les Cardinaux lors du Conclave de 1958 :

« des choses très mauvaises que l'on trouve dans le vaudou et que l'on découvre aussi dans l'abus rituel satanique mystique » que je travaille depuis 2015, comme vous le savez maintenant, mais qui existe, d'après mes découvertes, depuis les années 1100 au-moins, en France.

Ils ont mis « un esprit du culte du vaudou (le nom est donné dans le huitième livre**), une appartenance à Satan et des araignées »** (leur nom est aussi dans le huitième livre), comme ils les mettent aussi dans l'abus rituel satanique mystique, commis par des Prêtres, des Curés, des Moines, des Evêques, des Archevêques, des Cardinaux, des Papes.

Le 29 mai 2024, **dans l'hostie,** il y a au moins **une araignée.**

Les Papes suivants furent des anti-papes : Jean XXIII, Paul VI, Jean-Paul Ier, Jean-Paul II jusqu'en 1989, et *le Pape Grégoire XVII fut assassiné…*

Et les décisions prises par ces ANTI-PAPES SONT NULLES, y compris les ORDINATIONS, les SACREMENTS, le CONCILE VATICAN II…

Les conséquences et les effets de la messe conciliaire sont nuls puisque le **Pape Grégoire XVII** était toujours vivant. Puisque, conformément au droit canonique, « *la démission d'un pape dûment élu et ayant accepté la charge est nulle* »,…, je vous renvoie à mon huitième livre sur mon site. Sans compter les révélations de l'âme damnée de Paul VI.

48. En 2020, je concluais ce livre par cette phrase *« L'Esprit Saint va m'inspirer pour la suite à donner à cette affaire. »*

En effet, voilà pourquoi j'écris ce neuvième livre. En 2020, pour conclure, j'écrivais : **L'Esprit Saint** doit avoir besoin de ce livre **« Et si eux se taisent, les pierres crieront ! »** écrit fin août 2020. Tant de souffrantes et de souffrants vivent cet abus rituel satanique mystique et ils n'ont pas conscience que les secrétions vaginales, les excitations clitoridiennes peuvent être démoniaques qu'il est urgent que l'Eglise Catholique prenne conscience de ce mal qui est fait contre des innocentes et des innocents qui ne peuvent se défendre parce qu'elles et ils ignorent que des Clercs et même des Papes peuvent abuser d'eux dans l'invisible et ce depuis longtemps ! Ni vu, ni connu, ni puni !

J'ai rencontré des personnes qui souffraient depuis 60 ans, 50 ans et aucun prêtre de leur entourage n'avait discerné que leur problème était d'ordre spirituel. Dans la souffrance, Dieu ne nous abandonne jamais. Priez et soyez fidèles à la prière.

49. Du †P. Ovila Melançon[66], théologien : « Quant aux CHARISMES, c'est le Christ lui-même qui les a annoncés, comme des bienfaits devant découler de la foi :

Voici les miracles qui accompagneront CEUX QUI AURONT CRU : par mon nom, ils chasseront les démons, ils parleront en langues, ils prendront des serpents dans leurs mains, et s'ils boivent quelque poison mortel, ils n'en éprouveront aucun mal ; ils imposeront les mains aux malades et ceux-ci seront guéris. (Mc 16, 17-18) »

Ces paroles sont infaillibles, puisqu'elles sont sorties de la bouche même du Verbe incarné. C'est donc une attitude hérétique que de redouter les charismes COMME TELS : ils constituent des miracles que le Christ veut opérer, en se servant de ses disciples comme les instruments de sa bonté et de sa puissance. »

Un prêtre charismatique dans la guérison intérieure me confiait :

« *Vous avez un esprit de maternité spirituelle d'accouchement des âmes*».

50. D'une victime qui venait de se convertir lorsque je l'ai rencontrée :

A cause de l'hérédité chargée de ses ascendants, les Pervers sexuels qui lui faisaient du mal pouvaient s'appuyer sur cette hérédité. Ainsi, elle était *l'esclave sexuelle de deux Curés dans l'invisible*. On se servait de bateaux du pays de ses ancêtres, ainsi que de statues et de tissus maléficiés, toujours de ce pays générationnel. Nous avions découvert que la magie de ce pays maintenait l'abus rituel satanique mystique. « Couper

---

[66] Ovila Melançon, C.S.C. Discernement des esprits et vie chrétienne. 1983. Avec l'autorisation des Supérieurs religieux et l'Imprimatur de l'Archevêché de Montréal, le 6 octobre 1983, n° 23. Louiseville. Page 139. Droit de citation de quatorze lignes et demie.

et détruire toutes les communications entre les forces adverses Ennemies[67], au Nom de Jésus-Christ. Et « je coupe toutes les communications entre Satan, les satanistes, les sorciers, les démons et nous, au Nom de Jésus-Christ.[68] » Puis sceller trois fois dans le Sang de Jésus. » et qui maintenaient l'abus rituel satanique, afin que la victime ne soit pas délivrée. L'abus rituel était maintenu par un esprit de vengeance, maintenu par une Chapelle du « Purgatoire »… La prière d'exorcisme qu'elle a eue, l'a soulagée, mais, elle ne fut pas suffisante. Un jour, ils ont même essayé de la faire mourir devant moi, mais Dieu Tout-Puissant l'a sauvée.

D'un prêtre : Par notre Baptême, nous devons nous montrer au monde comme de vrais fils de Dieu, remplis de zèle pour sa gloire et le salut des âmes, **à l'exemple de Jésus, notre Sauveur, le Verbe de Dieu, venu en ce monde dissiper les ténèbres de la mort et du péché.**

Pour conclure :

Veulent-ils encore crucifier Jésus-Christ et tous ceux qui sont fidèles à Lui et à la Vierge Marie ?

Evitez de laisser vos adresses, vos téléphones, vos courriels, dans des lieux de pèlerinage, par ces moyens, vous êtes repérables.

Maintenant, avec tout ce que vous savez, rejoignez vos propres catacombes, les Messes sont invalides et **l'hostie est vide**.

---

[67] Un tout petit extrait de la prière de combat contre les forces du mal, cité dans mon livre « Si tu crois, tu verras la Gloire de Dieu, page 147, extraite du livre « Prière victorieuse du Père Jacques-Marie Lolo. Droit de courte citation.
E-mail : plenitude.jc@gmail.com perelolojacques@gmail.com
[68] Ibid. page 146. En 2017, le père Lolo m'autorisait, « *parce Dieu seul en est l'initiateur et le propriétaire. Comment pourrai-je refuser à un de ses serviteurs de se servir de ce qui lui appartient ?* »

Ce 23 septembre 2024, j'en appelle encore au Tribunal de Dieu pour régler tous ces problèmes.

Nous sommes sans Pape valide, dans une fausse Eglise.

Ayez pitié de nous, *Seigneur.*

Si des personnes ont perdu leur Foi, c'est à cause de cette tourmente que j'ai expliquée. Il faut revenir à Jésus-Christ de tout votre cœur.

Des Cardinaux ont été ordonnés par le Pape Paul VI, etc.

Les conséquences de la Messe Conciliaire font que des personnes : des petits enfants, des enfants, des adolescents, des handicapés, des laïcs hommes et femmes, des prêtres, des évêques, des religieuses sont la proie de prédateurs sexuels d'Eglise et de Laïcs et de Civils et ils sont abusés dans l'invisible par des Pervers civils, laïcs, des prêtres, des archevêques, des Religieux, des Cardinaux, des Papes pervers, violeurs, violeurs mystiques, abuseurs physiques, abuseurs mystiques, reçu le 8 mai 2024 du Ciel. **C'est un maléfice mondial.**

Le fait de participer à la Messe Conciliaire, leur donne le droit de nous abuser dans l'invisible. Voici ce que Notre Seigneur m'a fait découvrir **depuis les révélations de PAUL VI,** l'âme damnée elle-même me l'a dit : **«** *la messe de la Tradition est immuable* **».**

Notre Dame des Victoires, *s'il vous plaît, venez sauver notre pays, la France et le monde qui sont consacrés à l'Antichrist. Venez le chasser.*

Dieu Un et Trine, *venez nous SAUVER ET SAUVER VOTRE EGLISE CATHOLIQUE. NOUS ASPIRONS A UN VRAI PAPE.*

Notre Dame de Pontmain nous rappelle qu'il faut prier :

« Mais priez mes enfants, Dieu vous exaucera en peu de temps. Mon Fils se laisse toucher. »

EN CONCLUSION :

La consécration du Pain et du Vin étant fausse, dès que le prêtre, l'Evêque, l'Archevêque, le Cardinal, le Pape *prononcent les Paroles de la Consécration*, nous sommes liés à eux et ils peuvent nous abuser sans souci, quand ils le veulent.

Nous devenons *des « esclaves sexuels – des esclaves sexuelles. »*

Et si des sorciers prêtres, comme il y en a tant dans l'Eglise de France, maléficient le sol de l'Eglise pour qu'on soit plus attaqué ; nous serons bien liés. Il faudra la prière de libération ou d'exorcisme pour être libérés.

Lecteurs, lectrices, quittez les Eglises, les Chapelles, les Basiliques, les Cathédrales où l'Evêque a fait venir des prêtres africains qui sont pour la plupart sous hérédité sorcière.

Et informez vos familles, vos amis, vos relations.

Quittez l'Eglise Catholique Conciliaire et partez en catacombes, chez vous, chez un ami ou autre solution de repli, dans une grange, dans un grenier… Ou allez à la Messe de la Tradition, à condition que le prêtre soit vrai.

Mais n'abandonnez pas Notre Seigneur si Bon,

pour qu'Il continue à VIVIFIER votre FOI.

Faites une **COMMUNION SPIRITUELLE,** beaucoup plus forte qu'une Communion Conciliaire, puisque l'hostie est vide.

D'un prêtre qui nous recentre sur l'Essentiel :

« Si nous voulons vivre dans la joie : cherchons à aimer le Seigneur de tout notre cœur, c'est-à-dire à faire sa volonté en toutes choses ; si nous voulons que la force de Dieu habite en nous, c'est-à-dire son Esprit d'amour : cherchons le Seigneur ; et si nous ignorons comment chercher le Seigneur, afin de vivre continuellement dans sa joie, sa paix, son amour: cherchons son visage, c'est-à-dire sa présence, son amitié, à vivre un cœur à cœur avec Jésus en nous mettant à son école par la méditation de l'Evangile, la prière, la contemplation, la docilité à l'Esprit-Saint. »

J'ai reçu de Notre Seigneur Jésus le 9 septembre 2024 :

« Me mettre en dehors de l'Eglise, c'était pire que ce que j'ai vécu sur la Croix. »

Qui veut Le consoler ?

En la fête de saint Padre Pio, le 23 septembre 2024,

Un extrait de la Préface du Ciel (dans mon quatrième livre) :

Dialogue avec lui (je ne le voyais pas) :

« Il faut que tu te confesses beaucoup » « Prie beaucoup ».

Pourquoi m'a-t-il été confié un tel combat ? « Tu le sauras au Ciel ».

Ai-je besoin de ton image ? « Non, c'est Dieu Seul que tu adores ».

Béatrice Malleron - Emery, descendante des Rois de France

Mes publications :

1) Premier Livre sous le nom de Malleron jusqu'au sixième: Une Hospitalière raconte… De la souffrance à la joie ! ©Editions Bénédictines – 2011. Epuisé.

2) Tribune : Ne minimisons pas l'action du démon dans nos vies à Riposte Catholique, 6 mai 2016. https://www.ripostecatholique.fr/archives/123379

3) Deuxième Livre « Si tu crois, tu verras la Gloire de Dieu » - 329 pages. Editions Croix du Salut, 23 mai 2017. Cet ouvrage est référencé «dans la partie F. Ouvrages pastoraux sur l'exorcisme et la délivrance. Revues et livres en français », du livre «Tactiques du diable et délivrances » fruit de la thèse de doctorat en théologie, sorti en février 2018 du père Jean-Baptiste Golfier chanoine régulier de l'abbaye de Lagrasse. Je lui avais confié un document utile pour sa thèse et pour me remercier, il me cite dans son livre.

4) Analyse : « Sophrologie et sorcellerie » site le Salon Beige le 12 septembre 2018. https://www.lesalonbeige.fr/sophrologie-etsorcellerie/

5) Quatrième *livre « de la Vierge Marie nous annonce des fléaux mondiaux ! »* aux Editions Generis Publishing. 2020 ;

6) Cinquième Livre : Et Si eux se taisent, les pierres crieront ! aux Editions Generis Publishing 4 12 2020.

7) Dossier sur les âmes errantes dans Réponses Catholiques sur le site de Riposte Catholique, 13 mars 2022. https://reponses-catholiques.fr/ames-errantes/

8) Sixième livre : « Et Si eux se taisent, les pierres crieront ! » « La Prière de libération a sauvé de l'Enfer l'âme errante de Jacques de Molay, grand

maître des Chevaliers des Templiers ! » revu et enrichi d'un sous-titre le 19 03 2022. Publié deux fois.

9) Site du Père Guy Pages : https://www.islam-et-verite.com/liberes-des-demons/ article « Libérés de démons » du 5 février 2023, j'ai apporté un complément de 11 pages, à Riposte Catholique qui l'a publié le 9 février 2023 Existe-t-il encore des démons?

https://www.riposte-catholique.fr/archives/174828

et aussi publié le 11 février 2023 par « Le Salon Beige, Le diable existe-t-il vraiment ? »

https://www.lesalonbeige.fr/le-diable-existe-t-il-vraiment

10) Septième livre : « Etes-vous exorciste, Madame ? » sous les 2 noms

11) Huitième livre gratuit publié sur mon site : Les Conséquences de la Messe Conciliaire maintiennent l'Abus rituel satanique mystique.

Nom d'autrice : Béatrice Hémery - Malleron

<h1 style="text-align:center">En guise de postface,</h1>

Le 14 septembre 2009 à Lourdes : accueil d'une « *possédée* » par le démon dans le cadre de mon service de Piscinière. Et annonce du charisme de libération !

Lettre envoyée au Président de l'Hospitalité Notre Dame de Lourdes sur sa demande, ainsi qu'à l'Aumônier Général. Et j'ai pu aussi remettre ce témoignage à l'exorciste italien rencontré en 2012 qui accompagnait cette femme.

Le préfacier de mon premier livre écrivait ceci :

« *Pour terminer, je voudrais noter la louange qu'elle donne à Dieu*

en toute occasion : « Offrons à Dieu un sacrifice de louange en tout temps… » (He 13,15). C'est sa grande force ; car la louange venant d'un cœur amoureux, ne trouve rien d'impossible.

La caresse du Saint Esprit sur une âme donne beaucoup de fruit :

« Charité, joie, paix, longanimité, serviabilité, bonté, confiance dans les autres, douceur, maîtrise de soi… » (Gal 5,22-23).

Une Religieuse d'une grande bonté rencontrée à Lourdes m'écrivit:

« Que le Seigneur vous accorde la force et toutes les grâces nécessaires

à votre belle mission de soulagement, de délivrance, de guérison que Dieu opère à travers vous auprès de tant de pauvres et de malheureux…»

C'est un grand honneur et une grande joie de témoigner de ces faits qui me confortent dans le charisme donné par Notre Seigneur à Béatrice pour libérer de leurs souffrances indicibles et incroyables des âmes victimes de maléfices multiples dont notre société et notre Eglise sont infestées. Afin que l'Eglise accueille et favorise l'aide de ces nouveaux laïcs qui sont déjà passés de la Souffrance à la Joie pour ouvrir grandes les Portes à la Grâce de l'Esprit qui surabonde…

D'un prêtre médecin « Je vous félicite pour le travail que vous faites pour les âmes parce que le Seigneur vous a donné des grâces et des dons pour le faire. Jésus complète en son Eglise ce que ne font pas ou plus certains prêtres parce qu'une partie de l'Eglise se corrompt dans l'esprit mondain, la velléité et le faux respect humain et le péché d'orgueil et de chair. Continuez à faire du bien avec vos charismes…

Table des matières

Printed by Books on Demand GmbH, Norderstedt / Germany